# Dem Schmetterling folgen

Gedichte

Petruta Ritter, Anke Weber, Dirk Tilsner u.v.a.

Dorante Edition

Der Schmetterling ist in die Rose verliebt,
Umflattert sie tausendmal,
Ihn selber aber, goldig zart,
Umflattert der liebende Sonnenstrahl.

Jedoch, in wen ist die Rose verliebt?
Das wüßt ich gar zu gern.
Ist es die singende Nachtigall?
Ist es der schweigende Abendstern?

Ich weiß nicht, in wen die Rose verliebt;
Ich aber lieb euch all':
Rose, Schmetterling, Sonnenstrahl,
Abendstern und Nachtigall.

*Heinrich Heine*

# Dem Schmetterling folgen

## Gedichte

**Petruta Ritter, Anke Weber,
Dirk Tilsner u.v.a.**

Bibliografische Information durch die Deutsche Nationalbibliothek: Die Deutsche Nationalbibliothek verzeichnet diese Publikation in der Deutschen Nationalbibliografie; detaillierte bibliografische Daten sind im Internet über http://dnb.d-nb.de abrufbar.

herausgegeben durch das Literaturpodium, Dorante Edition
Berlin 2017, www.literaturpodium.de
ISBN 9783743152441

Foto auf der Vorderseite: Rudolf Leder

Alle Nachdrucke sowie Verwertung in Film, Funk und Fernsehen und auf jeder Art von Bild-, Wort-, und Tonträgern sind honorar- und genehmigungspflichtig. Alle Rechte vorbehalten. Das Urheberrecht liegt bei den Autorinnen und Autoren.

Herstellung und Verlag: BoD – Books on Demand, Norderstedt

*Sylvia M. Hofmann*

**Der Fluss der Zeit**

„Willkommen und welcome in dieser Welt,
wir hoffen, dass dir es bei uns auch gefällt."
Ein Kind wird geboren, so niedlich und klein,
bald wird es schon im Kindergarten sein.

Nun heißt es lernen Tag für Tag,
wenn man auch manchmal nicht so mag.
Die Freunde, die Schule und vieles mehr,
die Zeit wird schon rar, man läuft hinterher.
Berufsausbildung, Studium und alles was folgt,
den Partner fürs Leben, die Schwiegermutter grollt.

Beruf und Familie – man hat keine Zeit,
ist unausgeschlafen, nachts das Baby noch schreit.
Karrieremachen ist jetzt angesagt.
Die Wohnung zu klein, wir sind nicht mehr zu zwei'n.
Ein Haus wird gebaut
und noch ein Kind, ein Hund, eine Katz,
ein größeres Auto, wir brauchen viel Platz.
Der Tag ist zu kurz, voll Hektik und Stress,
die Familie komplett – alles erreicht –
was kommt jetzt?

Die Zeit fließt dahin, man merkt es kaum.
Die Eltern sind alt, brauchen weniger Raum.
Die Kinder schon groß, geh'n in die Welt hinaus,
benötigen wir noch das große Haus?
Und immer noch wird weiter geschafft,
es kostet schon bedeutend mehr Kraft
bis endlich dann die Rente da,
man jubelt schon, hurra hurra!

Die Zeit läuft schnell, doch n i m m  Dir Zeit,
schon mancher hat es zu spät bereut -
zu wenig für sich selbst getan.
Ist man erst alt und ohne Elan
nichts kann man nachholen, was man versäumt.
Drum lebe jetzt – nichts wird bereut.
Unwiederbringlich ist verlorene Zeit.


*Sylvia M. Hofmann*

**Kontakte**

Warum sind Menschen oft verschlossen?
Nur auf's eigene Wohl getrimmt,
sind ihre Herzen so verdrossen,
seh'n damit den Nachbarn nicht?

Sich nicht melden lange Zeit,
ein Anruf sie aber mächtig freut.
Die eigenen Dinge, n u r  die sind wichtig,
da ist Freundschaft n i c h t  gewichtig.
Warum denn fragen, wie's dem Anderen geht?
Wer fragt schon, wie es um  m i c h  selber steht?

Solch Lebenseinstellung, macht die Seele arm,
ein offenes Herz macht wirklich warm!

Plötzlich steht man ganz allein,
sehnt sich nach Freunden allgemein,
doch wo sind sie geblieben?
Alle, die früher blieben links liegen ...
die man suchte, n u r  wenn man etwas wollte,
sie kümmern sich heut n i c h t –
was man eigentlich sollte.
Als Kamerad bleibt manchem nur der Hund,
der treu ist, doch Antworten gibt er nicht.
Daran manch Einsamer fast zerbricht.

Ein soziales Wesen ist der Mensch,
nicht geschaffen um allein zu sein.
Die Konsequenz, ladet Freunde ein.

„Robinson" sein, inmitten einer großen Stadt?
Sich abschotten, macht kaputt und matt.
Man spendet dann für Afrika,
der einsame Nachbar ist so nah.
Ein freundlich' Wort zur rechten Zeit,
es kommt zurück, bringt wieder Freud'.

Doch blind, interesselos geht man vorbei.
Eines Tages ist man selbst nicht mehr frei,
gefangen in der Einsamkeit,
dafür sind viele nicht bereit.
Der Psychologe soll's dann richten,
wo Menschen fehlen.
Anteilnahme und ein liebes Wort –
trägt über schwere Tage fort.

*Sylvia M. Hofmann*

**Gedenken**

Wohin bist DU gegangen?
So frage ich befangen,
ich stehe am Meer und sehne mich sehr,
den Menschen, den ich so sehr geliebt,
das Einzige was noch von ihm blieb
sind die Erinnerungen.

Wellen kommen und gehen,
neue Menschen entstehen, bevölkern die Welt,
doch DU musstest gehen –
ich kann's nicht verstehen.
Wo bist du geblieben?

Wo seid ihr alle, ihr Lieben?
Als Seelen im All, schwebt überall?
Ich möchte Euch sehen, ein neues Dasein verstehen!
Kommunizieren, den Kontakt nicht verlieren.
Schön war die Zeit – gemeinsam.
Gedanken daran, Traurigkeit macht einsam.

Wo sind sie geblieben all unsre Lieben?
Mit Erde bedeckt, im Schnee versteckt.
Schlummert hier der Leib für die Ewigkeit?

Generationen kommen und geh'n,
man muss es verstehen das Prinzip der Zeit,
arm oder reich, im Tod sind alle gleich.

Uns wieder zu sehn? Denn jeder muss geh'n.
Eines Tages ist es soweit, niemand darf fragen
nach der Zeit.
Die Hoffnung trägt weit ...

*Sylvia M. Hofmann*

**Sehnsucht**

Trüb und traurig ist es heut,
ihr lieben Leut, das macht kein' Freud!
Dort in dem fernen Florida,
die Sonne scheint das ganze Jahr.
Hurrican-Season ist vorbei,
nun ist der Himmel wieder frei.
So blau, so blau und weich der Sand,
Palmen wiegen sich am Strand.
So friedlich ist hier die Natur,
Probleme machen Menschen nur.
Europa und alle Sorgen sind weit, so weit;
wichtig sind nur, Sonnenhut und Strandkleid.
Es zählt nur Muscheln sammeln, man atmet frei,
ein kühler Drink ist auch dabei.
Oh Schreck – der Sonnenschutz ist weg!
Im Shopping-Center nebenan, gibt's alles,
was man brauchen kann.
Ein schnelles Bad im Swimming-Pool
vor'm Dinner noch, erfreut uns sehr,
ein Tänzchen später noch viel mehr.
Der volle Mond der schaut uns zu,
bis wir uns legen dann zur Ruh'.

*Sylvia M. Hofmann*

**Herbstlicher Wandel**

Undurchsichtige weiße Schleier umweben Bäume und Fluss.
Gespenstisch raschelt es von irgendwo her –
durchbricht die Stille, den Tagesschlaf der Natur.
Feuchte bräunliche Blätter säumen den Weg,
traurig ist mein Herz, denn alles
was der Sommer gebracht muss bald sterben.

Wie schnell doch die Schönheit vergeht,
das Leuchten der Farben des Sommers.
Bald ist die Allee öde und leer,
nur dunkles Gehölz zieret die Ufer.
Wo sind die Schwäne geblieben,
die stolz auf den Wellen schaukelten,
die fröhlichen Menschen mit Fahrrädern und Skatbord?
Das Tuckern des letzten Fahrgastschiffes
reißt mich aus meinen Träumen.

Ein Wink des Himmels: Die dicke weisse Suppe
bekommt Löcher, gibt die Berggipfel frei.
Strahlend und schön
erstehen die Gebäude des Petersberges
nach und nach in der Mittagssonne, nehmen Gestalt an.
Auch die Ruine des Drachenfels
erhebt sich stolz aus dem zähen hellen Gewebe.
Noch verborgen ist das Märchenschloss.

Welch ein Anblick begeisternd und schön!
Immer mehr Strahlen fressen sich durch die weiße Watte
und bringen Birken zum leuchten.
Entlang des Ufers bedecken gelbe, braune
und rote Blätter den Weg.
Ein Ahornbaum schüttelt sich im Wind.

Oktober, wie bist du reizvoll mit deinem Himmelsblau,
so klar und rein, wie es der Sommer niemals schenken kann.
Noch ist das Gras grün und saftig,
trägt stolz die verwehte Symphonie der Blatt-Farben,
die in allen warmen Rottönen erstrahlen.

Sie ist da – , ja sie ist wieder da – die Sonne,
Lebensspenderin und unser Licht, unsere Freude und Zuversicht.
Wie jauchzt meine Seele, bei diesem fantastischen Anblick!
Ach, wenn es nur so bliebe!
Ich singe leise vor mich hin, so ein Tag so wunderschön wie heute
...
So ein goldener Oktober, der dürfte nie vergeh'n.

Mit dem Fotoapparat unterwegs sind diese Zeilen entstanden. Oktober am Rhein bei Bonn


*Sylvia M. Hofmann*

**Karibik-Träume**

Verwelkte Blätter fallen um mich her,
jetzt wär ich lieber am warmen Meer!
Wo frohe Menschen Lieder singen,
Mandolinen und Gitarren klingen.
Die Sonne streichelt dort die Haut,
wie jubelt dann die Seele laut.

Ein halbes Jahr ist schnell vorbei,
das Herz ist wieder sorgenfrei, wenn
frisches Grün die Wiesen ziert,
die Kinder springen ungeniert.

Wie die Natur so ist der Mensch
durchschreitet dunkle Täler,
er schwingt sich auf, sein Herz erwärmt,
kommt neuen Zielen näher.

*Joachim Gräber*

**Siebzig plus**

Auf Kreuzfahrtriesen und in den Bereichen,
wo als Hotelgast man der Wellness frönt,
genussvoll seinen Ruhestand verschönt
beim Parkgang und flanierend auf den Deichen,

find ich den Silbersee von meinesgleichen.
Vereint auch dort, wo klassisch es noch tönt,
an Hörsaalenge sowieso gewöhnt,
als Sitzplatz uns die Stufen vollends reichen.

Gleichwohl der Schmerz rundum so manchen plagt;
das Kreuz, die Knie, und immer wieder: „Hüfte!",
auf Klinikfluren man im Austausch klagt.

Auch schwer zu atmen die einst linden Lüfte!
Na und? So lang die Poesie bewegt,
sich Aufbruch in den alten Knochen regt.

*Joachim Gräber*

**Vokalbarock**

Wenn ich Händelarien höre, schlagen
meine Pulse schneller, sie beleben
kalte Lava, alle Fibern beben
und das Herz entflammt zu neuem Wagen.

Jubel, Furor, Schmachten, Flehen, Klagen
sind mit reichem Zierrat dann gegeben;
an Girlanden klettern, fallen schweben
Töne, von der Sänger Kunst getragen.

Herrlich ist´s für den, der hier als Gast,
ungehemmt Affekte kann entladen;
stimmlich, wie es grade eben passt,

im barocken Quell und Meer darf baden.
Manchmal nur mich echte Panik fasst:
stranguliert vom wirren Handlungsfaden.

*Joachim Gräber*

**Die Zahnbürste**

Ich seh´ das Utensil sie staunend wenden:
die Reibefläche, vormals straff, jetzt schlaff,
verstruppte Borsten, hängend an den Enden;
da ist die Liebste wieder mal ganz baff.

Dann folgt die Predigt, aber nur den Wänden,
weil ich, der Schlumi, es partout nicht schaff´,
´ne neue, harte Bürste mir zu spenden;
und heute auch, die Frau, sie spricht: „Ich raff´

es nicht, dass jemand sich penibel zeigt
im Sprachbereich und sonstwo noch, jedoch
zum Schlendrian bei der Hygiene neigt."

Und einmal mehr ich Besserung gelobe;
will nicht, dass mein Gedächtnis hätt´ ein Loch.
Doch könnt´s beweisen schon die nächste Probe.

*Joachim Gräber*

**Wahre Liebe**

Womit sich Liebe auch bezeugen kann:
im Warten, dem geduldigen Verweilen.
Wird doch perfekt erst der als Ehemann,
der Stehvermögen zeigt in Einkaufsmeilen.

Geht´s um Kosmetik, Blumen, Schmuck, Kledage,
macht willig er den Shopping-Bummel mit,
pariert, wenn vor den Läden der Passage
die Chefin immer mal verhält im Schritt.

Gelegentlich Beratung auch zur Rolle
gehört; vonnöten taktisches Geschick
und ruhig Blut, um ja nicht in die Wolle

für, letztlich, Bagatellen sich zu kriegen.
Die Grenze halte darum kühl im Blick!,
willst, Netter, du dich nicht zu sehr verbiegen.

*Joachim Gräber*

**Singsang**

Die frischen Stimmen hörbar ihnen fehlen,
den Chören, einst so populär im Land;
doch auch wenn jährlich ausdünnt der Bestand,
entströmt noch Liedgesang, geübt, den Kehlen.

Was sonst dringt ins Gehör, kann nicht verhehlen
des Wohllauts Niedergang; kein Unterpfand
die Stimmkultur, wenn in den Stadien „...schland!"
die Fans skandieren und im Zug krakelen.

Und wird auch allgemein kaum mehr gepflegt
des Volkes Lied; als wär in Klang und Wort
den heut´gen Deutschen fremd das eigne Gut.

Auf Folk und Popsong hat man sich verlegt.
Das Singen? Lebt im Nachgeplärre fort;
beim Ohrwurm hin zum Kehlkopf wallt das Blut.

*Joachim Gräber*

**Die Wutbürger**

Wie sind wir nunmehr doch von Zorn und Wut umgeben!
Da rechts der Pöbel grölt, die Fremden im Visier,
und links sich Hass entlädt, Zerstörung tobt allhier
in Deutschland; gestern -werda, heute -burg und -leben.

Von vager Angst besetzt, schwillt Hinterwalds Bestreben,
dem Flüchtling zu verwehrn das heimische Revier;
ist Brandbegaffer er, mal Block und mal Spalier,
derweil sich seine Chefs beim Talk im Ton verheben.

Geht gar es schon so weit, dass gänzlich ungeniert
der Mob „Wir sind das Volk!" in seinem Wahn skandiert,
bedrängend wie ein Spuk besessener Dämonen.

Ob er vorüberzieht? Nur wenn, welch lohnend Ziel!,
man Dummheit merzte aus, so recht mit Stumpf und Stiel.
Gelingen könnt´ es dann, in Eintracht eng zu wohnen.

*Lilly W.*

## Der Kraft letzter Funke

Alles zerbrochen,
nichts wie es scheint.
Müde die Knochen,
die Augen verweint.
Die Kraft geht zu Ende,
ernüchtert der Blick.
Zitternd die Hände,
schweifen die Gedanken zurück.
Zu Träumen und Hoffnung,
zu Wunsch und zu Ziel.
Zu der Kraft Ursprung,
übrig ist nichts ... nicht mehr viel.
Einmal noch kämpfen,
wieder aufsteh'n und geh'n.
Die Verzweiflung eindämpfen,
einmal noch hoffen ... besteh'n.

*Lilly W.*

**Schöner als je zuvor**

Nächstenliebe, Hilfsbereitschaft, Mut
davor zieh'n wir uns'ren Hut.
Kommt es jedoch hart auf hart,
ist es gar nicht uns're Art
diese Tugend selbst zu zeigen,
tanzen lieber einen Reigen.

Traurig ist es anzuseh'n
wie wir vor die Hunde geh'n.
Schauen links und rechts um uns herum,
sind keinesfalles selbst so dumm
uns einzumischen, aufzusteh'n
und irgendwo dazwischenzugeh'n.

Das macht wer andrer, nur nicht ich
denken wir - wie widerlich! -
sind wir wirklich so geworden?
Feige, mutlos und verborgen?
Man sieht jemand, der am Boden liegt
und selbst dann noch Tritte kriegt.

Helfen? Ich? Gar nie! Niemals!
Dann hab ich die Schläger am Hals!
Hab keine Angst und hilf! Mein Freund.
Gemeinsam können wir - vereint! -
der Hilfsbereitschaft öffnen Tür und Tor
und das Leben wird sein schöner als je zuvor.

*Dieter Geißler*

**Göttliche Hände**

Die Welt um mich herum vergessen,
Seele und ich sind eins,
genieße hingabevoll ihre Hände,
die gleiten über meine Haut.

Ihre Finger massieren zart und sanft,
doch fest im Rhythmus über meinen Rücken.
Sinnlich und berauschend fließt das Blut,
beruhigend säuselt leise die Musik.

Warme Energie durchfließt meinen Körper,
jeder Muskel, jede Faser beseelt mein Ich,
sinfonisch spüre ich vollendete Entspannung,
Pamela hat einfach göttliche Hände.


*Dieter Geißler*

**Wahrer Reichtum**

*Ich brauche*
kein Gold und Diamanten
keinen Porsche vor der Tür
keine Aktien an der Börse
was ich brauche
das bist DU

*Ich bin reicher*
als die Reichsten
mein Herz ist voller Glück
ich habe deine Liebe
mein wahrer Reichtum
das bist DU

*Dieter Geißler*

**Königskinder**

Sie trafen sich um Mitternacht
an einem stillen Orte.
Der Mond schien hell und es war warm,
man durfte sie nicht sehen.

Sie liebten sich am stillen Ort,
ihre Herzen pochten sehr.
Sie ließen von einander nicht,
bis das der Tag anbricht.

Nur heimlich konnten sie sich seh´n,
das tat den beiden weh´.
Sie durften nicht zusammen sein,
in dieser schönen „heilen" Welt.

Vorurteile hat das Land,
wenn Menschen anders sind.
Last den Menschen natur belassen,
denn Gott hat ihn geschaffen.

*Dieter Geißler*

**Allein**

allein
die Welt grau
Gedanken kreisen
Vergangenes schmerzt
salzig die Tränen

allein
schließe die Lider
schweife ins Gestern
ein lachendes Kind
Tränen versiegen

allein
spüre die Sonne
Glück steigt in mir auf
allein? manchmal
aber nie EINSAM

*Dieter Geißler*

**Herzenssache**

Wandern durch die schöne Rhön,
durch Wald und Flur, über Berg und Tal,
in die offene Ferne sehen,
das ist des Wandermannes Seele, denn

    WANDERN - ist eine Herzenssache

Die Natur mit ihren Bäumen,
Blumen und den Tieren,
ist zu jeder Zeit wunderschön.
Die Augen öffnen und genießen, den

    NATUR - ist eine Herzenssache

Mit Freunden gemeinsam durch das
"Rhöner Land" gehen, reden und
auch lachen, das macht Spaß,
und im Gasthof ein Bierchen trinken, denn

    GEMEINSCHAFT - das ist Herzenssache

Wandern, Natur, Gemeinsamkeit,
das war und ist stets
des Rhönklubs Ziel.
Dies - alles lässt sich nicht erzwingen, denn der

    RHÖNKLUB - ist Herzenssache

*Dieter Geißler*

**Der Regenwurm**

Herr Mayer ist ein Regenwurm,
der in unserem Garten wohnt.
Kriecht umher in dunkler Erde,
kann nichts sehen, nur fühlen,
liebt den Regen.
Eines Tages, er spürt Wonne,
bemerkt er oben – die Sonne.
Kriecht hinauf, um sich zu aalen,
in der Sonne Strahlen.
Er fand das fein,
wärmte sich den Bauch,
und Mayer fühlte sich so herrlich wohl.
Da kam flatternd ein Schatten geflogen,
vor Angst wollte er sich verkriechen,
da sah er die Erde schon von oben.
Schnell ging es der Sonne entgegen,
wurde seither nicht mehr gesehen.

*Lesley Wieland*

## El Tiempo Famoso

wie schmecken Abenteuer,
nach Lust und Neugierde,
im Grummeln vom Bauch,
einer Richtung weisenden Unruhe,
im Silencium von Calme,
doch bleibt da was nagendes,
nämlich Forscherdrang,
im Urtrieb des Menschbegehren,
als das Territorium von Welt im Animus erkundete,
\*

so brachen wir auf,
ans Ende der Erde vom Trabant,
in ein kleines Land,
im Kessel von Glut,
eingeschlossen in einen Kontinent,
den man nur vom hören sagen kennt,
nicht das Wort von palabra wieder gibt,
akzentuiert im acento grafico,
fiktiv erdachtes von Schilderung,
was jenes Gebiet beinhaltet,
\*

Paraguay im Rio Uruguay,
das erzeugte,
mir im Zergehen der Buchstaben,
Gänsehaut,
der Schweiß uns ausbrach,
im Ankommen,
nach dem rötlichen Flug,
in zähen Stunden,
in der kilometerweiten Zeitendlosigkeit,
so verzehrte sich also Ewigkeit,
\*

einundzwanzig Tage,
geschenkt und hart erkauft,
unbezahlbar der ideelle Wert,
das sind Mitgiften,

die sich in Erfahrungshorizonte bündeln,
gestreut, wie der grüne Gürtel,
über der Fauna,
in den Bergen säumend,
der Schwarzwald Paraguays,
mich zaghaft verliebte in jenen,
\*

ich labte mich visuell,
im braunen,
flüssigen Karamell,
weil die Wasserfälle,
el salto, el fuente,
Zeugnis vom Wabbern,
im Berauschen,
sich betrinken sind,
am milden Bonbonfluss,
im Rio Uruguay,
\*

all jene Wasser,
sie fließen auf und abwärts,
quellen über in der Garganta diabolo,
der Schlucht des Teufels,
der scheinbar liquides liebt,
und ich fiktiv den Geschmack dessen,
auf meiner Zunge spürte,
ihn oral und auditiv verinnerlichte,
vom Geburtsort seines Entstehens,
dass ich ganz selig ward,
\*

doch das Paradies vom Nationalpark,
offeriert noch weiteres,
in der permanenten Überraschung,
die Regenbogenbrücke trägt dort ihr Heim,
über dem Tosen vom Nass,
spiegelt sie reflektiert,
Farben im Bogen vom Regen,
Seelen gehen hier vom Dies- ins Jenseits,
wählen diese Pforte Re – Inkarnation,
im Geheimnis vom Wissen,
\*

der Hibiskus in der Blüte,
vom roten Berg,
betitelte ich,
als den Ayes Rock von Paraguay,
jenes Land plötzlich schmolz,
im Austraguay vom Wortspiel,
man auf diesem das Dach der Welt erlebte,
das Prisma sich brach,
im verödeten See von San Bernadino,
das tote Meer scheinbar näher war, als die Wirklichkeit,
\*

meine ersten Kolibris,
gurkengrün und schlammbraun,
bestickt ihr Federkleid mit Perlmutt,
für das sie ihr Schwarzauge nicht verschwendeten,
sondern Nektar saugten,
aus roten Blumen,
berüsselten sie,
geduldig den Ausschank der Schöpfung,
im Flügelschlag,
von sechzig in einer Sekunde,
\*

Schmetterlingsregen,
weich uns umperlte,
wenn jene ihre Tänze um uns vollführten,
flatterhaft und von distinguierter Melodie,
die nur der entschlüsselte, ohne Note,
der ihnen bedächtig nachsah,
intuitiv und sich auf ihren Takt vom Flattern,
im Reigen einließ,
während sie uns das Salz stahlen,
von unserer Haut
ließen wir sie schmunzelnd gewähren,
\*

die Echsen,
sie wähnten sich sicher,
und ihre große Fluchtdistanz zeigte uns,
dass wir in ihren Glupschern,
als vermeintliche Kriechende galten,

und Geckos an den Innenwänden,
uns beehrten, wie der kleine Kerl,
sich klammerte an mein Bein,
liebäugelte ich mit den Aliens,
der Mensch ihnen aus dem Gesicht geschnitten ähnelte,
 *

Paraguay war,
eine besondere Reise,
spirituell und expeditiv,
in der Parade der Emotionen,
im Bienvenidos vom Lebensgefühl,
einer anderen Schnelligkeit,
die sich Langsamkeit,
und warten,
in der Geduld,
von Paciente schreibt.

*Lesley Wieland*

**Bila woda**

Der Nebel ruhte länger,
tiefer und seichter,
in seinem Grau von Fäden,
während im Rostrot der Wälder,
die Winkelspinne ihre Hauben,
Trichter und Radnetze strickt,
nach dem Muster,
das sie seit ihrer Niederkunft,
in ihrem kleinen Köpfchen trägt,
Laufkäfer den ihren ermurkst beendeten,
  *
gedämpft und gelinde,
so schwieg der Forst,
weit das Land und sein Kiefertann,
verschlafen die Dörfer,
kleiner Katen am Mäander,
der Weichsel und Bug,
während bunte Wäsche,
weht flüsternd im Herbst,
Pilze hinter den Gartenzäunen,
auf pflückende Buben warten,
  *
Biber und Otter,
fällen nagend,>
Stämme, die krachend,
in Moore Baum besprechend,
versumpfen,
der Schwarzstorch klappert,
in der Ferne auf verwitterten Dächern,
seine Küken sich am Froschgetier,
laben und der Hofhund,
an der Kette bellt,
  *
Bienen umschwärmen,
ihren Stock, denn der Honig,
er verkostet sich,

in der Delikatesse von Kräutern
und im Erahnen der Blaubeeren,
die ihre Meer wachsend verteilen,
zwischen Birken und Totholz,
ein Ackergaul zieht den Flug,
polnische Frauen waschen,
singend ihre Kleidung im Hanca See,
\*

Meister Fuchs,
wuselt mit seiner feuchten Nase,
durch den Wiesenhain,
im hellen Pelz,
die Tollwut sich verzieht,
in die hintersten Horst,
um dort zu stürmen,
und der Braunbär sich kräftig,
aufrichtet in der Tatze,
vom Hieb,
ohne in die Falle zu tapsen,
\*

der Wolf lauert,
hinter den alten Kiefern,
die Mär erwacht am Tage,
um das Rotkäppchen,
welches der böse Isegrim verschlang,
mit Haut und Haar,
Großmutters Wein und Kuchen,
vergaß zu verzehren,
verklärt im Nebellicht von Abgeschiedenheit.
brach liegend, unberührt, mein polnisches Land.

*Lesley Wieland*

## A la Montagne

schwere Glocken schellten,
echoten zurück,
wie der Bürgermeister aus Wesel,
ein Esel, dieser Mann,
anscheinend,
so krakeelten Wanderer,
dessen Rucksäcke man leerte,
zu zünftiger Brotzeit auf eine der Almen,
Vesper hielt in der Kaisersemmel,
\*
die braune Kaffeekuh,
sie glotzte uns muhend an,
dabei bimmelte sie,
während sie ihren mit Blumen geschmückten Kopf,
im Föhn wehen ließ,
und schäkerte mit mir,
indem sie ihre Klimper Wimpern,
verführerisch öffnete und schloss,
wie die bewimperte Alpenrose am Fellhorn,
\*
unten nahe des Tals,
tummelten sich rege,
Bachforellen,
in der beschwingten Unterhaltsamkeit,
kleine und große Kiesel,
lagen fein säuberlich,
rein gewaschen,
von der Putzmeisterin,
der Gebirgsquelle,
\*
in der steilen Anhöhe,
lauschte man dem Alm Öhi,
wie er in langen Tönen der Natur,
das physikalische Modell,
zur Erläuterung von akustischen Schwingungen,

in der kleinen Schwester,
der Polsterpfeife vom Alpenhorn,
im Quartett,
das Konzert der Berge musiziert,
\*

die Gletscherflöhe und Kraxler,
sie hingen waghalsig,
in der schwindelerregenden Höhe,
in jener die Luft dünnwandig schien,
im Übereifer, das Matterhorn,
das Gipfelkreuz zu erstürmen,
um ihre Initialen in jenes zu schnitzen,
mit dem Schweizer Messer,
im Souvenir der Urlauber,
\*

nur in der stillen Betrachtung,
verweilte das wirkliche Bild der Berge,
wenn die Gämse,
kühne Sprünge vollführte,
als jene Antilope vom Massiv,
und das Murmeltier wachsam,
den Alpensalamander verscheuchte,
weil der Steinadler ihn längst oberservierte,
im begehrten Enzian, ohne Color vom blau,
\*

Gletscherschmelze,
der Alltag der Alpen,
graue Spitzen,
ohne stolzes Weiß,
Verursacher von Menschenhand,
wie so oft der human being,
sein verkehrtes Spiel,
vom haben wollen trieb,
Resteis versickerte traurig,
\*

wir baden,
ausgelassen im Königssee,
vom Jenner winken uns,
die echten Prinzen zu,

Steinbock und Bartgeier,
Dachs und der Hermelin,
im Sommerfell,
die Juni, Juli und Augustkinder,
die so genannten Sahnehäubchen des Felsenlandes.


*Lesley Wieland*

**Nututation**

Meersenf,
und tote Mannshände,
trotzen dem Wasser,
dem Schick und den Gezeiten,
Ebbe und Flut,
Flut und Ebbe wechseln,
einander und der Mondmann,
er guckt verzückt,
seihernd,
zwischen Salzgraswiesen,
  *
die Miesmuschel,
vertrieb maritim,
ihre schlechte Laune,
das Strandgut im Herz,
bandelte mit den Quallen,
im Feuerspiel,
doch die Seeschwalbe,
keilte die beiden,
auseinander in Futtergier,
  *
Moorweihen,
kreisten in Runden,
über tosendes Meer,
der alte Kutter zog,
die letzten Fische,
vom Fang im Netz,

ächzend in sein Boot,
der Farbanstrich blätterte,
schon lange in die Wellen,
\*
draußen trieb,
verlassen schaukelnd,
die Flaschenpost ohne Absender,
die Schöpfung war die Verfasserin,
und spielende Kinder hievten,
jene an Land,
begeistert lesend,
alte Schrift vom Untergang,
der Seebrecher,
\*
Sanddorn,
im Saft von Sträuchern,
presste man diesen üppig - herb,
auf den kleinen Inseln,
und am Uferrand,
vermengt im typischen Geruch,
von Algen und Salz,
mein Fernweh stillte pompös,
im Selters der Nordsee.

*Marie Hahne*

**Über mich**

Ein Gedicht
mehr Reime gibt's hier nicht

Augen und Kopf
zwischen Rippen mein stärkster Muskel
links oder rechts?
„Herz auf dem rechten Fleck"
tatsächlich links
gefühlt in der Mitte

egal

Hand und Stift
rechts
sehen lernen
Muskel trainieren
viel zu tun

noch

*Marie Hahne*

**Zwei Inseln**

Zwei Inseln
haben wir
aufgeschüttet
hier

du und ich

sitzen beide
rufen nicht
Ich schreie zu viel.
Du hörst mich nicht

unsere Inseln

zugeschüttet
haben wir
uns

hier

*Anke Weber*

**Häutungen**

Jede Häutung ein Prozess.
Waren es zwanzig?
Oder mehr?

Der Herbst beginnt.
Mir wachsen Flügel,
und ich schwebe über allem.

Doch erst eine weitere Häutung
lässt mich reifen.

Ich schwinge mich empor
zum hellsten Licht
des Universums.

Und darf jetzt
ganz ich selbst sein.

*Anke Weber*

**Nur eine Affäre**

Ein Zögern -
dann Zustimmung.

Prickelnder Sekt.
Erst ein Glas, dann zwei,
drei oder vier.

Der Zeitraffer über ihnen,
Köpfe glühen.
Das Denken verzerrt sich.

Man trinkt sich begehrenswert.

Frische Luft wirkt
wie ein Elektroschock.

Stunden des Vergessens folgen,
Zeiten fließen ineinander -
nach Wochen wieder auseinander.

Kurz war das Miteinander.

Sie hätten bedächtiger
vorgehen sollen.
So bleibt es nur eine Affäre

*Anke Weber*

**Streit**

Wolken über den Dächern,
Ungeheuer, die zum
Verschlingen bereit sind.

Ich sehe Wut und Fressgier.

Das Unwetter steht vor der Tür,
bereit, sein eigenes Wesen
herzugeben.

Weit in der Ferne
zeigt sich das Blau des Himmels.

Noch wird gestritten
und gekämpft.

Aber das Licht
wird siegen.

*Anke Weber*

**Festhalten**

Wir mögen uns schon lange.
Unsere Seelen sind verwandt.

Leises Lächeln unserer Augen
sprechen dieselbe Sprache.

Fingerspitzen berührten sich schon,
und doch verloren wir uns.

Die Hoffnung schrumpfte.

Unsere Herzen suchten sich.

Wie von selbst
fanden wir uns wieder.

Unsere Hände packten zu
und hielten sich für immer fest.

*Anke Weber*

**Eislauf**

Feuer auf dem Eis.
Kalte Hände berühren sich,
wie ein Blitz
in kochende Hände.

Schlittschuhe gleiten wie von selbst
im Zweiherzenstakt.

Die Augen sprühen Feuer.
Alles dreht sich.

Schneller und schneller
routiert der Schwindel.
Wie Anfang und Ende
der Welt zugleich.

Der Boden schwankt.
Das Eis zwischen ihnen zerschmilzt.
Beginn einer
neuen Liebe.

*Anke Weber*

**Vereinigt**

Dort,
wo Gut und Böse
sich scheiden,

sich das Helle
vom Dunkel trennt,

wird es wieder licht.

Von vielen liebenden Armen
gezogen

wird das Gehen
zum Schweben.

Von Wellen
der Zärtlichkeit getragen
vereinigt sich das Sein
mit dem Universum.

Es gibt keine Fragen mehr.

*Anke Weber*

**Umkehr**

Traumlos die Nacht,
tatenlos der Tag.

Sinnlosigleit in allen Ecken.
Verschüttete Illusionen
warten auf Wiederbelebung.

Verschleierte Bicke
versinken im Nebelalltag.

Nein!
Nicht so!

Die Sonne übt schon
den Frühling,
erwärmt erstarrte Gefühle.

Guten Morgen,
neues Leben!

*Anke Weber*

**Zurück zu den Wurzeln**

Das Meer
wie Teil meines Daseins.

Nicht allzu lange
trägt mich das Gummiboot,
das mich unsicher
durch die Flegeljahre führt.

Ich steige oft um:
Vom Ruderboot zum Kutter,
vom Tourendampfer
zum Luxusliner,
dort, wo nur Parties gefeiert werden.

Zu schnell lande ich
auf der Insel der freien Liebe.

Doch die erste größere Sturmflut
teibt mich fort aufs Festland,
wo keine Wasser wüten.

Zurück zu meinen Wurzeln,
zu der verlassenen Geliebten.

*Anke Weber*

**Das blaue Licht**

Das Defizit
wird größer.

Traurigkeit macht sich breit.

Im Irgendwo zeigt sich ein Licht
hinter blauen Schatten.

Es bahnt sich trotz Widerstände
seinen vorgezeichneten Weg

und verdrängt das Ungute.

Ein kleiner Spalt
genügt.

Es wird wieder heller
im Meer der Gezeiten.

*Anke Weber*

**Ausgeflackert**

Sie flackert
und kämpft,

zeigt Leben im Untergang.
Wirkt schöner,
denn jemals zuvor.

Wärme und Helligkeit
berühren Seele und Geist.

Abwartend wird beobachtet-
ohne jegliche Entspannung.

Das Finale dieser Melodie
zeigt sich mehr und mehr.

Die Töne werden leiser.

Letzte Atemzüge deuten sich an.
Ende einer Liebe.

*Anke Weber*

**Zurück**

Er ist wieder da.

Ich höre seine Schritte
auf der Terrasse,

rieche die laue Sommernacht,
die ihn zu umhüllen scheint,

schmecke seinen Atem,
der mein Herz berührt,

fühle seine Hände,
die sanft mein Haar streicheln,

schaue in hellblaue Augen,
die mich willenlos machen.

Er ist wieder da.

Welch ein Glück!

*Anke Weber*

**Herbstleben**

Draußen vor der Tür
brausen die Herbststürme.

Windböen zerren
an den Bäumen.

Rotgelbe Blätter fallen -
eines nach dem anderen.

In unseren Herzen aber
wohnen Ruhe und Zufriedenheit.

Wir schauen uns an
und lächeln.

Bratäpfel schmoren
im Kachelofen,
der heimelige Wärme ausstrahlt.

Dankbarkeit
beherrscht unser Denken.

Der Herbst meines Lebens.

*Anke Weber*

**Traumwelt**

Die Tür fällt ins Schloss.

Die Stille danach
lässt mich erschrecken.

Das Tor zu meiner Traumwelt
ist verschlossen.

Der Blick verengt sich.
Unbeweglichkeit trotz
des Aufruhrs im Inneren.

Wut und Hilflosigkeit
bilden ein starkes Team.

Es kostet Kraft
eine Lücke zu finden.

Unlebendig wird der
Alltag bewältigt.

Das Leben geht weiter -
und machmal umspielt ein Lächeln
die müden Lippen.

*Anke Weber*

**Besiegt**

Ein harter Schicksalschlag.
Angstgedanken
fallen aufs Papier
wie tiefblaue Kleckse,

vermischen sich mit
vielen dunklen Farben,
die kaum wahrgenommen werden.

Die Furcht beherrscht
Denken und Fühlen.

Und die Zeit wird
zur Mutprobe.

Am tiefsten Punkt der Trauer
erkenne ich ein Schillern
in den dunklen Punkten,
die sich mit Leuchten und Lächeln
vermischen.

Es wird wieder heller.

Die Angst wurde besiegt.

*Anke Weber*

**Verwirrung**

Dünne Fäden
über dem Abgrund.

Das Gefühl zwischen
Eben und Jetzt,
dem Blau des Universums
und dem azurenen Meer.

Unbekannte Klänge,
sich überstrahlende Lichterketten
verwirren die Seele.

Es wird weitergelebt,
so lange die Kraft reicht.

Noch ist das Irdische
die Heimat.

Träume von übersinnlichen Strahlen
verbleiben bis zum Morgen.

Ein neuer Tag beginnt.

*Anke Weber*

**Sie**

Ich sah *Sie*.

Sie – siebzig Jahr,
graues Haar –
auf der Treppe
zum Bahnsteig.

Knie und Herz
zitterten um die Wette.

Unsere Seelen erkannten sich
nach vierzig vergangenen Jahren.

Einer von uns
sprach das erste Wort.

Heute sind wir ein Paar.
Ein neues Leben begann.

*Anke Weber*

**Umnebelt**

Der Morgen versinkt im Nebel.

Nie wiederkehrende Träume
werden mitgerissen
und versinken im Sumpf
selbsterdachter Gesetze.

Aufbegehren kommt
zur rechten Zeit.

Tatendurstig stehe ich
waffenlos den Gegnern gegenüber,
wage mutig den Kampf.

Unentschlossen
wanke ich träumend
in das nächste Abenteuer –
und erkenne endlich:

Dauerhaften Frieden
finde ich nur
in mir selbst.

Eine starke Herausforderung,
die ich selbstbewusst annehme.

*Anke Weber*

**Helle Klänge**

Wegweinen das,
was im Keller herumwühlt
wie ein wildes Tier –
gefangen auf der Suche
nach Freiheit.

Das Unabänderliche
verkapselt sich.

Diese Schutzhülle lässt auch
die letzten Tränen versiegen.

Es kommt der Tag,
an dem auch diese
Mauer zerbricht

und vom Meer des Vergessens
aufgenommen wird.

Der Ton
auf dem Psalter der Liebe
nähert sich mit hellen Klängen.

*Anke Weber*

**Felswand**

Gute Gedanken zerschellen
an der Wand der Lustlosigkeit.

Die Empfindungen des Gegenübers
sind undurchschaubar.

Stabiles Gemäuer
steht trotzig wie eine Felswand,
obwohl sich Welten verschoben haben.

Freundschaftsbekundungen
verhallen an der Grenze des Unbegreiflichen.

Die Hilflosigkeit lähmt.

Heute wird der Schlaf unruhig.
Morgen auch.

Die Drossel singt bereits ihr Liebeslied.

Sie fängt früh an.
Der Frühling schläft noch,
auch der Tag lässt sich Zeit.

Es wird noch dauern,
bis die Wand des Schweigens zerbricht.

*Anke Weber*

**Der eigene Weg**

Sie gehen nebeneinander
im Gleichschritt des Denkens.

Stundenlang -
tagelang.

Ihre Schatten vereinen sich.

Aus Freundschaft wird Liebe,
aus Liebe Freundschaft.

Immer weiter wandern sie,
Schritt für Schritt.

Driften auseinander,
können nicht ohne den Anderen,
aber auch nicht miteinander.

Ohne Anfang – ohne Ende
kommen sie nirgendwo richtig an.

Jeder muss seinen
eigenen Weg finden.

*Claus Fahske*

**Wenn die Amsel singt**

Wenn die Amsel singt am Abend
und die Sonne geht zur Ruh,
dann beginnt mein Herz zu träumen
und ich denk' an dich nur immerzu.

Wenn der Wind in Birkenzweigen leise flüstert:
„Hör mir zu"
und die Gedanken tanzen Reigen,
denn mein ganzes Glück, dass bist nur du.

Wenn der erste Abendstern erwacht
und blickt auf dich herab
sagt er leise zu dir:
„Guten Abend kleine Evelyn,
du kannst wohl nicht schlafen?
Denn die Sehnsucht in deinen Herzen ist zu groß.
Die Sehnsucht nach der Umarmung von deinem Liebsten."

Leise klingen Glocken in den Träumen,
der nächste Morgen ist nicht mehr weit,
hörst das Rauschen in den Bäumen,
deine junge Liebe ist zu allem jetzt bereit.

*Claus Fahske*

**Ein Morgen in New York**

Hello, good morning New York,
hast du wieder nicht geschlafen,
wieder einmal durchgemacht,
die Yellow Cabs rasten unaufhörlich
vom Times Square durch die Nacht.
Müdigkeit nein Müdigkeit, die kennst du nicht,
immer hellwach zu sein ist deine Pflicht.
Dein Herz, Manhatten, hatte wie jede Nacht,
wieder viel zu hohen Blutdruck im Lichtermeer,
hier nimmt man das Leben leicht,
keiner nimmt's am Broad' recht schwer.
Die Sonne stieg schon aus dem Ozean
und der Hudson River liegt in ihrem roten Schein,
der Verkehr quält sich über die Brocklyn Brigde,
wie kann es anders sein.
Am Schlachthof wurde, von einem Arbeiter,
wieder eine schwarze vergewaltigt und einfach liegen gelassen,
New York man muss dich lieben oder hassen.
In der Bronx wurde wieder jemand umgebracht,
so ist das Ergebnis nach jeder Nacht.
Die Bowery wurde von den Taxis gemieden,
no drive and no go area ist es dort noch immer geblieben.
Old fat Mum and Granny sitzen schon
oder noch auf der Treppe
vor dem vergammelten Haus,
mit 'ner Zigarette und 'ner Flasche Fusel,
ja so sieht es morgens in Harlem aus.
Daddy war schon lange nicht mehr da,
er sitzt unschuldig, weil schwarz,
in Sing, Sing, that's America.
Oh god father help, ruft der Reverend,
und alles will Hilfe und in seine Kirche rennt.
Doch helfen kann hier niemand,
dazu war's schon immer viel zu spät,
doch zu früh ist es nie, aber danach fragt keiner,

wenn man in den Staaten lebt,
Doctor Feelgood verkauft noch immer
sein abscheuliches Gebräu,
gegen alles soll es helfen, das ist doch nicht neu.
Auf der anderen Seite des Rockefeller Center
mit der glänzenden Fassade,
an der Wall Street macht man heute Geld mit Soja-Marmelade.
Auf der Fifth Avenue die Eleganz und die Pracht,
bei Tiffany gibt's immer noch Frühstück
zwischen Perlen und teurem Schmuck,
wer hätte das gedacht.
John Boy führt für Astoria's Gäste die Hunde aus,
in der Met da wird geputzt und gewienert,
hier ist überall nur Saus und Braus.
Bei Rowers wird der Service stets ganz groß geschrieben,
in der Bronx da träumt man nur davon,
denn hier sind die meisten auf der Strecke geblieben.
Old Mc Carthy der hatte schon vor Jahren den Bogen raus,
nun besitzt er in Manhatten,
hoch droben, mit besten Ausblick, das teuerste Penthouse.
Wie immer Achtung fertig auf die Plätze,
hier da gibt's die größten Gegensätze.
Hier da wird gehungert und hier da ist auch Überfluss,
auf der einen Seite knurrt der Magen,
auf der anderen gibt es kein' Verdruss.
Hurra, New York, gerne hab' ich hier gelebt,
viele Jahre war ich gern dein Gast,
weil nur du so etwas besonderes hast.
Wenn auch nicht alles an dir mir unbedingt gefällt,
für mich da bist und bleibst du,
die Superlative auf dieser Welt.

*Claus Fahske*

**Hinnerk**

Spärlich leuchtet heute Nacht der Mondenschein.
Hinnerk geht seinen Weg allein.
Vor einem halben Jahr hat ein schweres Krebsleiden
seine Frau dahin gerafft.
Sein einziger Sohn blieb schon vor Jahren auf See,
ein Orkan vor Neufundland hat das geschafft.
Hinnerk hat lange überlegt, er hat es sich nicht leicht gemacht.
Doch nun war es endlich soweit, heute sollte es sein,
heute war die Nacht.
Er kannte diesen Weg, er kannte ihn genau
und ging ruhigen Schrittes ins Moor.
Er war fest entschlossen.
Niemand hätte ihn aufhalten können.
Er war alt und nun ganz allein.
So wollte er nicht mehr leben,
so sollte es nicht mehr für ihn sein.
Er kannte die Stelle genau, wo es am tiefsten war.
Dieses Stelle war ideal, für seine Zwecke,
sie war einfach wunderbar.
Als er zu der erwählten Stelle kam,
da sprach er noch ein kurzes Gebet,
bat um Verzeihung und tat den ersten entscheidenden Schritt.
Ganz ruhig, still und leise ging er bei einem tiefen Glucksen unter,
sein Körpergewicht zog ihn mit.
Der Schlamm drang ihm in die Augen, die Nase,
den Mund und in die Ohren,
nichts und niemand konnte ihn mehr helfen,
er war rettungslos verloren.
Zwei Tage später in der Zeitung es stand:
Wo war Hinnek Hansen?
Wie kann es sein, das er spurlos verschwand?
Ein Suchtrupp suchte nach ihm mehrere Tage,
wo war Hinnerk Hansen, das war die Frage.
Er wurde nicht mehr gefunden
und blieb für immer verschwunden.

Nur Heiko, sein alter Freund, der den Abschiedsbrief fand,
der hielt des Rätsel's Lösung in seiner Hand.
Er hielt sich strikt daran,
wie sein Freund Hinnerk es in seinen letzten Zeilen so wollte,
es niemand, aber auch niemand es je erfahren sollte.
Heiko behielt die traurige Wahrheit für sich allein,
Genauso, wie Hinnerk es wollte, denn so sollte es sein.
Hinnerk kam allein nicht mehr klar mit seinem Leben,
er hatte es sich nicht leicht gemacht und lange überlegt,
ja, aber so ist es eben.
In der Luft lag ein leises kaum hörbares Ade,
ja so ist es, schließlich tut jeder Abschied im Herzen uns weh.

*Claus Fahske*

**Dreizehnlinden-Ballade**

*(aus der Oper „Himmel, Hölle und Walhalla")*

Elmar, Herr von Habichtshofe,
muss sich beugen der Gewalt,
Schwerter dröhnen auf die Köpfe,
und das Jagdhorn weithin schallt.

Swanahild die greise Drude,
tanzt im alten Ritual,
deutet Worte aus den Runen,
den Germanen zu dem Mahl.

Heimlich trifft man sich verborgen,
auf dem Thing der Väter Stätte,
in dem nahen Kloster beten,
fromme Mönche nachts zur Mette.

Tod den Sachsen, Tod den Christen,
Tod dem neuen und dem alten Wort,
alter Brauch und alte Sitte,
am versteckten, stillen Ort.

Frei ist dein Gesang, oh Lerche,
in der blut'gen Juninacht,
blast das Horn zum Kampf Germanen,
blast das Horn zur letzten Schlacht.

Unterwerfung das Verlangen,
doch zu groß ist Heldenmut,
Frau'n und Kinder heimlich bangen,
und der Met schmeckt viel zu gut.

Trutzen auch Wehr und Waffen,
und der vielen Götter Glauben,
ach, die Christen werden's schaffen,
euch die Götter alle rauben.

Dreizehn Linden stehn am Ufer,
an des Flusses silbern Band,
mancher fromme Christenrufer,
wohnt nun im Germanenland.

Dreizehn Linden sind das Zeichen,
für die neue Gotteswelt,
alter Glauben mußt nun weichen,
sagt der Prior stolzbewusst;
ob der Prior recht behält?

Fragt die Kinder, fragt die Alten,
was sie denken was sie tun,
Gottes Wort wird nun mehr walten,
lasst die alten Götter ruhn!

*Horst Franke*

## „Jonny" oder: (der blaue Hans)

Jonny, genannt auch der blaue Hans,
er ist ein Matrose und macht gern 'nen Tanz.
Ahoi.
Er ist nur einer Liebe treu.
Die Seefahrt!
Nach 'ner Buddel Rum,
da tanzt er an Deck,
das nimmt ihn keiner krumm.
Da singt und jolt er von Madagaskar und Hawai.
Klar, da war er mal,
doch die Zeiten sind vorbei.
Er tanzt wie ein Storch auf einem Bein,
manchmal kotzt er wie ein Reier,
das ist gar nicht fein.
Dazu singt er ein schmutziges Lied
und fällt auf die Nase, so'n Schiet.
Nach 'ner Buddel Rum da ist er außer Rand und Band,
ob an Bord oder an Land.
Er ist ein alter Haudegen,
wenn er schläft, dann tut er sich auch hinlegen.
Ganz egal, grad' wo es ihm gefällt,
von seiner Sorte, da gibt's nur ihn auf der Welt.
In jeden Hafen, tja, da ist er gewesen,
er kann weder schreiben noch lesen.
Bei Wisky oder Gin,
da haut's ihn einfach hin.
Beim Rum, da bleibt er meistens auf den Beinen,
dann fängt er oft an zu weinen.
Dann denkt er an Lilly, Susi, Gabi oder sonst irgend eine,
aber richtig fest, da wollt er keine.
Oh Madleen, die fand er so schön,
doch auch die, die ließ er stehn.
In Tanger, ja da war er im Puff,
dem Zuhälter, dem haute er eine druff.
Da musste er dann schnell laufen,

und an Bord sich wieder besaufen.
Heute da denkt er dran, mal wieder
und singt wilde Piratenlieder.
Vom Halsabschneider Jack (gesprochen Jeek)
und ballert den Rum wie Wasser weg.
Er ist ewig Dune ob an Bord oder an Land,
drum wird er auch der blaue Hans genannt.
Weiße Mäuse, die sieht er schon lange nicht mehr,
Elefanten, Tiger und Haie,
die müssen jetzt her.
Je größer, so besser, so soll es nun sein,
auch grüne Flughunde fallen ihm ein.
Oh Jonny, was machst du denn bloß
was ist nur mit dir ständig los.
Du bist total dem Suff verfallen,
bist du von allen guten Geistern verlassen,
von allen?
Die letzte Nacht,
hast du wieder mit 'ner Hure verbracht.
Da packst dich am Mors, Ahoi,
bist nur der Seefahrt und dem Rum auf Ewigkeit treu.

*Horst Franke*

**Nebel**

Nebel steigt herauf vom Wiesengrund.
Kriecht durch die alten Gassen.
Nebel soll ich dich lieben oder hassen?
Küss mich! Ich küss dich kess zurück.
Oh - wie schmeckt dieser Kuss,
den ich hassen oder lieben muss.
Der Mond dringt kaum durch auf die Dächer
der Kleinstadt.
Selbst der silberne Sternenschein
ist fast nicht mehr zu sehen.
Wer das wohl gemacht hat?
Der Nebel!
Verdammt!
Ich gehe nicht mehr raus,
ich werde nicht rausgehen.
Dieser feuchte, klebrige Nebel,
wie aus Zuckerwatte gemacht.
Es ist doch erst 18.00 Uhr
und noch keine Nacht.
Ich mache es mir gemütlich
und werde etwas lesen,
denn morgen früh, ja morgen früh,
da ist der Nebel gewesen.

*Horst Franke*

**Vollmond an der Weser**

Der Mond ganz hell, groß und rund hält Wacht
am sonst so dunklen Himmelszelt.
Nur hier und dort blinkt ein kleiner Stern
verschüchtert auf die nächtliche stille Welt.
Bei Vollmond tut sich allerhand
Mystisches und Sonderbares;
lichtscheues Gesindel, Geister
und allerlei eigenartiges, nur nichts klares.
Auf der linken Seite der Weser steht ein Jüngling,
der auf die andre Seite zu seiner Liebsten will,
doch die letzte Fähre ist schon weg,
sie liegt verlassen fest vertäut ganz still.
Da vernimmt er ein leises, krächzendes Gewisper:
Schwimm rüber, schwimm rüber, ich beschütze dich,
er überlegt und hat noch Zweifel und bedenkt sich.
Da erneut das Gewisper: Schwimm rüber, schwimm rüber
ich beschütze dich.
Der Jüngling zögert noch,
doch sein Widerstand lässt langsam nach und er traut sich:
Wer bist du denn so mitten in der Nacht.
Ich bin ein Menschen-Freund,
das hättest du wohl nicht gedacht.
Der vermeintliche Menschenfreund,
der in Wirklichkeit ein böser Geist war,
rief jetzt lauter hell und klar:
schwimm rüber, schwimm rüber, ich beschütze dich.
Der Jüngling, der von der neuen Stimmlage
des Geistes hypnotisiert war und nicht mehr dachte,
ging langsam zielstrebig zum Weserufer
aber doch noch ganz sachte.
Erneut rief der böse Geist betörend seinen Satz,
für andres war in des Jünglings Kopf nun kein Platz.
Er ging in die kalten Weserfluten mit all seinen Sachen,
er war in Trance, was sollte er auch andres machen
und der böse Geist, der hatte jetzt gut lachen.

In des großen Flusses Mitte verließ dem Jüngling all seine Kraft,
die schweren nassen Sachen und das eiskalte Wasser,
er hat es nicht mehr geschafft.
Er kam zu sich, die Hypnose war weg
und es zog Ihn nach unten, er war dabei vollkommen klar,
er kam nicht mehr nach oben
und ertrank; so geschehen im Weserland
vor mehr als einhundert Jahren.

*Eveline Dempke*

## Hallo Bremen, Moin Huchting, Moin, Moin

Hallo Bremen, Moin Huchting, Willakedamm Allee my love,
hallo Bremen, Moin Huchting, Tegeler Plate oh my love.
Hallo Bremen, Moin Huchting, im super Sommer Sonnenschein,
hallo Bremen, Moin Huchting, dir gehört mein Herz allein.

Das Licht und Schatten Spiel der Sonne, ein Zaubertraum ist die Allee,
des Wanderers Schatten im Licht der Sonne, ich mit liebend Herzen seh'.
Willakedamm, Willakedamm, Willakedamm Allee my love,
hallo Bremen, Moin Huchting, Willakedamm Allee my love.

Willakedamm, Willakedamm, im hellen Sommer Sonnenschein,
hallo Bremen, Moin Huchting, dir gehört mein Herz allein.
Spaziergänger und Radelfahrer, Treffpunkt in der Willakedamm Allee,
hallo Bremen, Moin Huchting, Tegeler Plate, glücklich ich dich jetzt seh'.

Sonnenschein und blauer Himmel, Schäfchenwolken am Zenit,
hallo Bremen, Moin Huchting, ich wandre mit den Menschen mit.
Willakedamm, Willakedamm, mein kleines Natur-Paradies,
hallo Bremen, Moin Huchting, ein Sonnentag den ich genies'.

*Eveline Dempke*

**Hoch Thüringen mein Heimatland**

Es grüßt euch hier im Sonnenschein,
mein schönes Thüringen.
Mein Herz klopft herzlich insgeheim,
es beginnt zu singen.

Noch Schlaf versunken wirkt das Land,
sanft lächelt mein Gesicht.
Verträumte Plätze gibt es hier,
Herz und Seele zu mir spricht.

Die Rosen in den Vorgärten,
ihr Duft ist wundervoll.
Die Kinder lachend fröhlich,
sie fühlen sich bei uns ganz wohl.

Melodien in Romantik-Sound,
erklingen, in die Nacht hinein,
Der Sternenhimmel schlägt die Augen auf,
der Amselgesang im hellen Mondenschein.

<u>Refrain:</u>

Hoch Thüringen mein Heimatland, ein Zauber ganz in Grün,
so viele Rosenblüten, die duftend hier erblühen.
Hoch Thüringer, mein Heimatfreund, mit einem super warmen Herz,
ein Lächeln mit viel Fröhlichkeit, auf den Lippen einen Scherz.
Ein Lächeln mit viel Fröhlichkeit, auf den Lippen einen Scherz.

*Eveline Dempke*

**Träume**

Träume einen schönen Traum,
voller Herz und Seeligkeit.
Träume geben dir den Raum,
und im Leben Lebendigkeit.

Sie sind die Gründe für ein Ziel,
was du dir hast zugedacht.
Mit der Verwirklichung ersten Schrittes beginnt der Weg,
Träume, gebe auf sie acht.

Positiv im Handeln, Tun,
Flügel bekommt dein größter Traum.
Du wirst fest verwurzelt in deinem Leben stehen,
wie ein großer starker Baum.

Dein größter Traum gibt dir Lebendigkeit,
er gibt dir Mut und auch die Kraft.
Viele weitere Schritte wirst du gehen,
bis du deines positiven Traumes Ziel geschafft.

Ich wünsche dir Zauberkraft, die dich erfasst,
ein Glaube so groß und machtvoll wie Gott.
Viel Liebe, Gesundheit und Beharrlichkeit,
Zielstrebigkeit, Mut und Lebenswille nun immerfort.

*Eveline Dempke*

**Nordseewind**

Der Sommerwind umspielt und streichelt meine nackte Haut.
Ich liege im feinen warmen Sand am schönen Nordseestrand.
Die Meereswogen rauschen und Möwen kreischen laut.
Der Seewind spielt weiterhin zart auf meiner Haut.
Auf ziemlich angenehme Weise, zieht er prickelnde, erotische Kreise.
Der leichte Wind, er zirpt im Dünengras, hier zu sein,
macht jung und alt so richtig Spaß.
Die leichte Brise umschmeichelt auch mein Lockenhaar,
das fühlt sich herrlich an, so richtig wunderbar.
Der Wind ist heut' für mich ein lieber Freund,
er mag mich sehr, so wie es mir jetzt scheint.
Auch andre, die will er heut' beglücken,
zu meinen und der anderen Entzücken.
Die Kindern lässt er gerne Drachen steigen,
sie tanzen in den Höhen, im schönen Reigen.
Feine Sandkörner bläst er durch die Luft,
begleitet von des Meeres frischen Duft.
Die warme Sonne, das Meer, der Wind,
das alles hier am Strand,
das hatte ich schon lange vermisst im tiefen Binnenland.
Am Horizont, da fahren Segelboote entlang,
wie lange schon der Wind deren Lieder sang.
Er bläst die Segel auf und gibt ihnen Kraft,
was nur er und sonst niemand schafft.
Ach Wind, Nordseewind, dich wird es immer geben,
du gehörst nun mal zum Leben.
Du hast mir heut' so gut und wohl getan,
fang mit deinem Spiel nochmal von vorne an.
Ja, hier an der Küste da bist du zu Haus,
ob friedlich still, oder mit Gebraus.
Oh Wind, du alter Freund und alter Feind,
oft hast du es gar nicht gut gemeint.
Doch heute, ja heute, da warst du gut zu mir
und darum von ganzen Herzen, ich danke dir.

*Eveline Dempke*

**Der Seniorenfürst**

Viel Liebe, Glück und Sonnenschein
in deinen rosig Herzen,
Gesundheit, fröhlich mag es sein
und auch ein bisschen scherzen.

Seniorenleben, oh wie schön,
es liegt in aller Munde.
Mit Weisheit, Wohlbedacht, Gerechtigkeit sehn,
ist die, die liebevollste Kunde.

Den Mensch an deiner Seite wohl,
halte ihn stets in Ehren.
Manch Glanz und liebevollen Augenblick,
kann er dir wohl bescheren.

Die Seniorenparty, sie hat angefangen,
gekommen manch liebenswerter Gast.
Geselligkeit ein Gläschen Wein,
hoch lebe der Seniorenfürst.

*Eveline Dempke*

**Tausend Sterne schenke ich dir**

Tausend Sterne schenke ich dir,
mein aller liebster Schatz,
deine Liebe, die ich verspür'
in meinem Herzens größten Platz.
Du zauberst mir den Sonnenschein,
sanft tief in meine Seele,
ein Glücksgefühl so friedlich sanft,
Fürst Amor ist unser Ziel.
Tausend Sterne schenke ich dir,
der Horizont ist doch so nah,
Perseiden verheißen Glück und Liebe,
wir sind immer für einander da.
Ein seichter Fön grüßt mich von dir,
wie ein warmer Sonnenstrahl
spüre ich deinen Kuss,
sanft streicheln wir uns die Hände,
Gott lächelt uns zu herzlich zum Gruß.
Gemeinsam singen wir unseren Traum,
den Traum ehrlicher Liebe,
Amors Romanze,
sein lieblicher Liebespfeil,
verziert unser Herz,
Tausend Perseiden lege ich dir in deine Hände,
sie glühen bis in alle Ewigkeit,
sie sind das Feuer unserer Liebe
auch wenn sie schreitet fort die Zeit.
Unsere Liebe wärmt die Herzen,
wir stehen an einem Wasserfall,
auf der Wiese erblühen tausende von Veilchen
ihr Duft betörend wundervoll.
Liebevoll dein Blick zu mir,
wir lachen mit dem morgentlichen Sonnenschein,
gleich einem Glücksgefühl so friedlich sanft,
schlafe ich in deinen Armen ein.
Der Schlaf gibt uns Gesundheit, Kraft und Energie,

Erholung ist der Liebe Pfad,
Tausend Sterne schenkt Gott uns in diesen Momenten,
von tausenden Perseiden umgeben,
Liebe begleitet uns mit Herzensschlag in unserer beider Leben.


*Eveline Dempke*

**In der wundervollen Weihnachtszeit**

Heuer will es gar nicht schneien,
in der Advent und Weihnachtszeit.
Ich wünschte mir weiße Schneeflocken fallen,
Herr Weihnachtsmann, es ist gekommen deine Zeit.
Mit den Rentierschlitten kommt er angesaust,
unter den Hufen der Rentiere silberne Funken sprüh'n,
sie schnaufen fröhlich und bäumen sich auf,
die Kinderherzen mit viel Liebe glüh'n.
Sie tanzen herum um den Rentierschlitten,
er ist mit Geschenken vollgepackt,
jedes Kind bekommt eine Gabe,
Frau Holle oben aus ihren Wolkenhäuschen, sie lacht.
Behände beginnt sie mit den Betten zu schütteln,
Goldmariechen hilft ihr dabei,
große weiße Schneeflocken vom Himmel herab wirbeln.
jetzt ist sie schön, die Weihnachtszeit.
Weihnachtslieder zart erklingen,
sie ziehen um die Häuser durch Feld, Flur, Tann in jedes Land,
Herr Weihnachtsmann, ho, ho, ho, er lacht gemütlich,
bringt liebevolle Grüße aus dem Weihnachtswunderland.
Engel, Feen, Elfen, tanzend spielen Harfen,
zu des Weihnachtsliedergesang auf der Welt.
Wunder, ja viele tausend Wunder gescheh'n auf der Erde,
zu Weihnachten unter der silbernen Sterne Himmelszelt.
Ich wünsche Euch viele Wunder auf Erden,
wahrnehmen möchtet ihr sie, sind sie auch noch so klein.
Aus der nahen Kirche die Friedensglocken ertönen,
sie läuten sie ein, die wundervolle Weihnachtszeit.

*Eveline Dempke*

**Frühlingsdüfte**

Frühlingsdüfte über die Wiesen und Felder ziehen,
die Sonne fängt wieder an zu glühen.
Frühlingsdüfte umschwelgen die Sinne,
du träumst, ja zu Träumen du beginnest.

Veilchen, ihr Duft betörend und schön,
ihr kräftiges Blau
du im langsam wachsenden Grase wahrnimmst.
So zierlich sind sie, intensiv ist ihr Duft,
er vermischt sich mit der klaren Frühlingsluft.

Maiglöckchen, im Walde sind sie ein Dufterlebnis,
mit etwas Birkengrün,
sind sie wunderschön Flora mäßig arrangiert.
Ihr Maiglöckchengebimmel im Walde ist zu spüren,
sie wiegen sich im zarten Winde,
in der Nähe des Baches Grund.

Duft - Freesien, ein Farbenspiel für deine strahlenden Augen,
zart, sinnlich erlebst du den blumig erfrischenden Blütenduft.
Neben deiner Holzbank im Garten, sie im Rosenbeet stehen,
ihr Duft betörend und belebend, deine Seele erstarkt.

Frühlingsdüfte, eine Anmut im Garten Eden Gottes,
Frühlingsdüfte, vermischen sich mit der Feen Gesang.
Frühlingsdüfte, Gott schenkt sie den Menschen,
sie ziehen mit dem Winde, im duftenden Natura Klang.

*Elena Zardy*

**Wolkenwasser**

Ich spüre Wolkenwasser
auf meiner eiskalten Haut
Es fühlt sich an wie Morgentau,
wenn ich aus dem Gras erwache
Nebelschwaden ziehen über das Land
und die Sterne verblassen
am Firmament
Noch immer spüre ich dich
auf meiner Haut
und lausche deinen Worten nach
im Morgentau
Die Nebel zogen über das Land
und ich spürte Wolkenwasser
auf meiner lebendigen Haut,
die du in der Nacht wachgeküsst


*Elena Zardy*

**Gleich dem Wind**

Gleich dem Wind
trug es deine Worte fort
sie verirrten im Nebel
und kehrten auf die Erde zurück
Berauscht vom Wissen
um Nichts
und Tagen, von Nähe erfüllt
hoffen wir auf Zweisamkeit

*Elena Zardy*

**Ein letztes Mal**

Ein letztes Mal,
wenn der Sommerwind über die Gräser weht,
wenn mein Herz am Meer um Gnade fleht
ein letztes Mal

Ein letztes Mal,
wenn die Sehnsucht dich noch einmal drängt
und mein Herz von neuem Feuer fängt
ein letztes Mal

Ein letztes Mal,
wenn ich mich wieder nach dir sehne
mich noch einmal an dich lehne
ein letztes Mal


*Elena Zardy*

**Du wirst an mich denken**

Du wirst an mich denken
im stillen Licht der Abendsonne
im Schatten deiner Traurigkeit

Du wirst an mich denken,
wenn die Würfel fallen
im sehnsuchtsvollen Schweigen
verlorener Stunden,
die wir nicht beisammen waren

und einmal

wirst du an mich denken

*Elena Zardy*

**Als denke ich Abschied**

Mir ist als denke ich Abschied
und zittere den Worten nach
als spüre ich den Eiswind
und lausche deiner Stimme
so ist mir als denke ich Vergangenheit
was noch heute war
als spürte ich schon Erinnerung
so ist mir
als spürte ich Abschied


*Elena Zardy*

**Spürt` ich dem Winde nach**

Beglückt und in der Stille
spürt` ich dem Winde nach
Ich sah dich wie im Traum
tänzelnd mich erhebend
wie unterm Feigenbaum

Ich spielt` mit deinen Worten
und spürt` dich wie im Traum
Ich suchte dich an Orten
den Wind, ich spürt` ihn kaum

*Elena Zardy*

**Und es atmete Liebe**

Um uns
summte eine leichte Melodie
Sequenzen von Sehnsucht
und stillem Zauber
Du gingst mir unter die Haut
und es atmete Liebe


*Elena Zardy*

**Am Anfang war die Liebe**

Am Anfang war die Liebe
der stillen Sehnsucht gleich
wir liebten und wir schworen,
dass es für immer bleibt

Am Anfang war die Neugier
sie stand uns zu Gesicht
ewig lachend, wild und nah
wir kannten Zweifel nicht

Am Ende nannte ich nicht mehr deinen Namen
wusste nicht, wer bittend zu mir spricht
gestand mir Wehmut, kannte kein Erbarmen
wusste nur, ich brauch` dich nicht

*Elena Zardy*

**Und nachts träum` ich von Wundern**

Und nachts träum` ich von Wundern
und stell` mein Denken ein
lass Wirklichkeit nicht wahr sein
und leb` vom goldenen Schein

Und nachts träum` ich von Liebe,
die ich mit dir teilen kann
von Sehnsucht, Glück und dir,
das ohne Zweifel bliebe
und mit dir wachsen kann

Und nachts träum` ich von Wundern
und einer Welt mit dir
von Sehnsucht, Glück und Stunden,
dass ich dich nie verlier`

Und nachts träum` ich von dir

*Christina Schabasser*

**Die Sonne scheint in ihrem schönsten Rot**

Entspannt geh ich am Hafen entlang
Mein Blick schweift in die Ferne
Am Himmel seh ich Vogelschwärme
Entzückend deren lieblicher Gesang
Die Sonne scheint hell in Orangerot
Passagiere essen ihr Abendbrot
während ein Schiff vor Anker geht
Die Sonne scheint in dunklem Rot

Nähere mich meiner geliebten Taverne
Und seh einen Mann im roten Hemd
Viele Sonnenschirme binden die Wärme
Der schöne Schwarzhaarige ist mir fremd
Die Sonne scheint in dunklem Karminrot
Die Leute am Nachbartisch spielen Tarot
Plötzlich ruft jemand lautstark Cesaro
Die Sonne scheint in hellem Feuerrot

Ich bestell einen „Sex on the Beach"
Von hinten nähern sich leise Schritte
An der Wand hängen Gemälde von Nitsch
da fragt jemand „kann ich setzen bitte"
Die Sonne scheint in dunklem Feuerrot
Ja sag ich und werde ganz leicht rot
Danke sagt der Schöne namens Cesaro
Die Sonne scheint in ihrem schönsten Rot

*Grete Ruile*

**Mondzauber**

In Sommernächten gaukelt es:
Wenn der Mond am Himmel steht,
zieht`s mich hinaus,
auf eine stille Bank, am See.

Du bist es, Mond,
der alles hier so sanft bescheint,
skurrile Phantasien uns beide eint.
Lockst heimliche Wünsche aus mir heraus,
märchenhaft verzaubert, sieht es hier aus.

Zarte Feen steigen auf,
aus tiefem Wassergrund.
Mitternacht ist ihre Stund.
Ganz übersähet ist der See
voll von Blütenblättern, farbensatt,
wie man sie oft in schönen Träumen hat.

Von Ferne erklingt ganz sacht und leise,
eine wunderschöne verträumte Weise.
Es ist des Mondes sanftes Licht,
was nun durch das Geäst der Bäume bricht.
Amor steht in diesem Lichterschimmer!
Ganz deutlich ruft er mir nun zu:
„Ich schenk Dir zwischen dem Weltenraum
noch manchen besonderen Liebestraum.
Einen Wunsch habe ich dabei an Dich,
- bleibe immer empfindsam, so wie ich"
„Ich verspreche es! rufe ich ganz laut.
Blitzartig erlischt die skurrile Welt,
die niemals wirklich sich zu mir gesellt.
Wer über all das von oben herunterlacht,
das ist der volle Mond, in dieser Nacht.

*Grete Ruile*

**Vereint**

Es kommt der Tag,
ob früh, oder spät,
da gibt`s einen Platz,
ob dort, oder hier.
Da ruhen wir vertraut,
ob rechts, oder links,
in Frieden neben dir.


*Grete Ruile*

**Verflossener Sommer**

Wie schnell verging deine Blütenfülle,
verflog dein üppiger Sommerduft.
Die wenigen Vögel wollen kaum noch jubeln
und Schwere zieht langsam in mein Herz.


*Grete Ruile*

**Lebenskunst**

Ist es die Fähigkeit, über dem Abgrund zu tanzen?
Ein Augenblick der Liebe?
Auf Wolken schweben?
Sich der Arbeit oder der Musse geben?
Glück kann lustvoll und auch leidvoll sein.
Morgen schon Vergangenheit.
Manchmal stellt sich`s wieder ein.

*Grete Ruile*

**Verlorene Hoffnung**

Hoffnung wo bist du?
Mit dir ging die Fröhlichkeit.
Kann der Schlaf oder das Lachen
sie mir wieder bringen?
Ich werde darum ringen!
Hoffnung: Geflügeltes Zauberwort,
lass mich wieder schweben,
hilf mir wieder leben!


*Grete Ruile*

**Überglücklich**

Heute möchte ich die ganze Welt umarmen.
Leuchtend rot, in den Farben der Liebe.
Weil du bei mir bist!


*Grete Ruile*

**Krieg**

Menschen stehen tränenlos im Dunkeln, verlassen!
Bomben brachten hier den Tod.
Kein Wiegenlied erklingt.
Die Straßen klaffen menschenleer.
… und alles schweigt.

*Grete Ruile*

**Mondsüchtig**

Frau Nachbarin, wie soll ich`s sagen,
besuchte mich in diesen Tagen.
„Ein arges Problem, sagt sie, tut mich bedrücken,
der Vollmond ist`s, mit seinen Tücken!"
„Nur ruhig, sagte ich, das werden wir schon packen,
geht es um deinen Mann mit seinen Macken?"
„Nun ja, du weißt, normal ist er zwar seriös,
einzig der Vollmond macht ihn stets nervös:
Dann zieht er nur noch dunkelgrüne Socken an,
obwohl er weiß, dass ich das gar nicht leiden kann!
Doch dieser Mond ist halt sehr magisch,
das Ganze wird für mich schon tragisch.
Was soll ich tun, mit was ihn locken?
Selbst ins Bett geht er in Socken!
Das ist für mich ein wahrer Graus!
Gottlob läuft der Vollmond bald ins Aus!"


*Grete Ruile*

**Blick aus dem Fenster**

Tropfschüttelvoll stehen Bäume im Regen.
Belebende Nässe.
Jeder Tropfen ein Perlenblick.

*Joachim Jantschak*

**Saschas Saxophon, Tautogramm**

Seemann Sascha, Susis sechster Sohn
spielte sogar samstags Saxophon.

Sein Spaniel steppte Samba, stundenlang,
sein Sittich Samson sorglos sächselnd sang.

Sie soffen süßen Samos solchermaßen,
sie selbst sonntags sinnlos säuselnd saßen.


*Joachim Jantschak*

**Tanzmausjagd**

Ich sah die kleine Tanzmaus
beim Tango, dort auf dem Parkett.
Sie sah unglaublich süß aus
und lächelte so nett.

Es schwingt die kleine Tanzmaus
und wirbelt durch den Saal,
hat schöne, flinke Beine -
ich fang sie dieses Mal!

Ich hab die kleine Tanzmaus
ganz fest in meinem Arm,
ich schau ihr in die Augen,
die Nähe ist so warm.

Und diese kleine Tanzmaus,
sie liegt ganz dicht bei mir.
Ich mache jetzt das Licht aus
und träume dann mit ihr.

*Joachim Jantschak*

**Erlkönigs Fluch, Parodie**

Wer schreitet so spät durch Nacht und Wind?
Es ist der Vater, er schleppt Omas Spind.
Er hat das Möbel wohl in dem Arm,
nur die Kante drückt auf den Darm.

„Mein Vater, du ziehst so bang' dein Gesicht!"
„Siehst Sohn du denn die Kante nicht?
Mein guter Sohn, welch eis'ger Reif,
die Hände werden mir ganz steif!"

„Du liebes Kind, komm' helfe mir,
jetzt quetscht mich vom Spinde die Tür!"
„Bunte Blumen sind gemalt auf den Schrank,
doch vom Tragen werd' ich ganz krank!"

„Mein Vater, mein Vater, hörest du nicht,
die Kante, wie leise sie bricht!"
„Sei ruhig, bleib' ruhig, mein Kind,
die alten Nägel halten das Spind!"

Dem Vater grauset's, hetzt weiter geschwind,
im Arme das quietschende Spind,
erreicht den Hof mit Not und Müh'.
Da schlägt ihm die Schranktür auf die Knie.

Der Vater flucht, oh je und ach!
Der Schrank stürzt um mit Donnerkrach
auf den Hofhund, welche Not!
Das Tier ist platt und mausetot.

*Joachim Jantschak*

## Schottenrock, Tautogramm

Schotte schnippelt schwatzend Scherenschnitt.
Schlanke Schönheit schwungvoll schlendernd schritt,
schaute Schottenrockes schrägen Schlitz –
schimpfte: „Schamlos, schlechter Schottenwitz!"


*Joachim Jantschak*

## Weihnachtswünsche

Wunderschöne Weihnachtstage
mit 'ner Hochdruckwetterlage,
viele glückliche Gesichter,
hundert helle Kerzenlichter,
wünsch´ ich dir und alles Schöne
und dass man dich verwöhne
mit Schokolade, süßen Torten,
mit Pfefferkuchen, netten Worten.
Und, meine Liebe du -
damit du wirklich nichts versäumst,
mach´ deine Augen ganz fest zu,
wenn heut´ du davon träumst.

*Dirk Tilsner*

**Die Pantherin**

*(im shopping centre)*

Ihr Blick scheint beim Vorübergehn der Läden
ein dunkler Schlund, in den sich alles saugt.
Medusa-Finger schlingen sich wie Fäden
durch alles was für seine Leere taugt.

Die Picke hackt mit jedem ihrer Schritte;
die Sehnsucht, die von ihren Hüften weht,
ist wie ein Sog von Saft um eine Mitte,
in der umsonst ein großer Trottel fleht.

Da plötzlich stürmt ein Feuer durch die Brille
und flammt mich ein. - Jetzt geht mein(!) Bild hinein ...
Ein Flackern, dann versinkt es wie Vanille
im Eis und hört im Magen auf zu sein.

*Dirk Tilsner*

## Bestimmung

*(Zwiegespräche mit Bimbam)*

Wo bin ich? - fragte der Panther.

Du läufst ein Leben lang im Kreis
(mit wohlgepflegten Tatzen);
und hinter tausend Stäben steht
ein Haufen blöder Fratzen.

Was kümmern mich die Hunde? - fragte das Schaf.

Gemütlich knabberst du am Gras
und lämmerst mit der Herde.
Nur manchmal schaust du neidisch auf
die (scheinbar) freien Pferde.

Wann komme ich in den Himmel? - fragte der Wellensittich.

Dein Zwitschern bringt uns dann und wann
das Blut im Hirn zum Schäumen.
Du träumst von Höhen, weit und blau,
allein, es bleibt beim Träumen.

Machst du mich noch sehend? - fragte der Maulwurf.

Krieg' ich dich endlich zu Gesicht,
mein Spaten Richter werde.
Bald gräbst du mir den Rasen um,
bald schläfst du in der Erde.

Worin besteht denn nun der Sinn ...? - fragte der Mensch.

Du läufst ein Leben lang im Kreis
und lämmerst mit der Herde.
Du träumst von Höhen, weit und blau,
bald schläfst du in der Erde.

*Dirk Tilsner*

**Vom Versuch, einen Liebesbrief zu schreiben**

*(Mini-Rap)*

wenn ich abends nach der schenke
an die liebste denke

drängt sich was in die gelenke
das mich lenkt und fängt
an mit ‚schätzchen, ach wie sengt
mich der schmerz ...' - ist längst
kalt wie erz und es ertränkt
meinen mut ... hand senkt sich ...

schreibe schlaff so wie erhängtes
oder straff verrenktes
träume wieder ich wär' gangster
clyde und schieße peng peng
denn wir wolln nicht ins gefängnis
nur das gold (das schenkt sich ...)

- so ein schmarren (!) - hält der henker
mich zum narren stänkert
mir im kopf such' die po engte
auf dem topf dort zwängt sich
manches aber nichts geschwenktes
auf die liebe ... denk' ich

*Dirk Tilsner*

**Integrationsversuch**

Hintze-Kunz, der Bauarbeiter
weiß nicht weiter
auf der Leiter,
weil - er sieht die Sprossen nicht.

Denn sein Bauch ist etwas breit, er
schaut nur höher hoch voll Neid, er-
späht dort Salim - kommt von weit her,
dort wo nie kein Hafer sticht.

Hintze-Kunz, der Bauarbeiter,
wird schnell bös' und gelb wie Eiter,
denn sein neuer Job-Begleiter,
denkt nur an die Arbeitspflicht.

„He, Kamel- und Ziegenreiter,
Hülf' mich ufs Jerüst!", so schreit er
gerade noch, als ihm die Leiter-
sprosse unterm Stiefel bricht ...

Salim aber grinst nur heiter
und steigt weiter ...
Schließlich meint er: „Sei gescheiter,
und iss Raita!"

Salim: Kurzform von Salomo, ein geläufiger Name im indischen und auch arabischen Sprachraum

*Dirk Tilsner*

**Es war einmal ...**

*(Schlaflied)*

Es war einmal ein guter König,
der jedes Herz erfreute.
Im Feld gediehen Korn und Mohn,
drum zahlten alle froh mit Fron,
und wenn er nicht gestorben ist,
dann zahlen sie noch heute.

Es war einmal ein starker Mann,
dem rief im Sturm die Meute:
„Wir ziehen mit dir ans End' der Welt,
bis sie dabei zusammenfällt!"
Und selbst nach tausend Jahren Frist
kennen ihn alle Leute.

Es war einmal Demokratie
vor der sich niemand scheute.
Man schrie: „Hier lang!" - Tärätätä!
Die Bürger machten „Muh..." und „Mäh..."
Der schlaue Fuchs mit seiner List,
der holte sich die Beute.

Es war einmal ein guter König ...
ich's meinem Kinde streute:
„Was gut ist - siegt, was bös' - erliegt,
gleich noch eins auf die Gusche kriegt;
und weil du noch ein Dummchen bist,
kommt jetzt das Schlafgeläute ..."

*Dirk Tilsner*

**securitas\* amoris**

heute fuhr ich wieder dran
vorbei an deinem häuschen knusper
knusper nicht der schlüssel an der wand
fand auch immer stets als erster
meinen weg zu dir

nie vergaß den schokoladen
faden an den lippen wunderbar
war wohl auch dein enges hemd
hemmte keine deiner wonnen
auf dem weg zu mir

wieder steigen zeitgelupte bilder
wilder lust die blusen sprengt
hängt der faden schokolade
gerade dort wo träume kleben
überall an dir

heute fuhr ich wieder dran
vorbei an deinem häuschen nagen
fragen: welche teufel und gefährten
sperrten venus in den kerker wärst viel
sicherer bei mir

---

\* Securitas: hier stellvertretend für eine Reihe von Firmen im Sicherheitsdienstleistungsbereich, einschließlich Zugangskontrolle wie in diesem Fall

*Dirk Tilsner*

**in der kantine ...**

der traum von fünf minuten idylle
vergilbt wie
ein alter reisekatalog
grauer strand
einerleigeschlickt
dumpfer geruch nach kaffeetang
irgendwo kreischen möwen
die sich um belangloses streiten

suche vergeblich
halt und
den platz an der sonne
ich finde dich
ganz unvorhersehbar
wie die gezeiten ebbe
trägt dich jeden tag zur gleichen zeit
auf dieselbe bank

zarter flamingo
unerreichbar
eingesperrt von palisaden
feingestriegelter pinguine
wirst zum fluchtpunkt
aller meiner sinne
fädeln sich zu dir
spannen sich zu straffen seilen
sie könnten dich retten doch
du greifst sie nicht

ich zerre an ihnen
mit geschlossenen augen
selbst aus der ferne
wittere ich dein haar
sanft und geschmeidig
wie warmer regen
in einem fernen süden

wieder träume ich
fünf minuten idylle
wäre ich nur einmal frei
tag und
ganz allein
für dich ...


*Dirk Tilsner*

**Könnt' ich doch ...**

Könnt' ich doch wieder suchen wie das Kind,
das unbeschwert durch seine Tage treibt,
nicht ahnt, wie nüchtern Sein und Wissen sind,
wenn nichts, auch wirklich nichts verborgen bleibt.

Könnt' ich mich sehnen wie der junge Mann,
der sich im Sommer unter Bäume legt
und sich an Träume lehnt, in deren Bann
sich keine Angst vorm nächsten Morgen regt.

Doch wenn mich irgendwann das Alter bricht,
sitzt du bei mir und ich streich' durch dein Haar ...
Wenn du dann fragst, ganz unnachgiebig bist,

sag' ich, dass jede Falte im Gesicht
ein Abenteuer in der Ferne war
und dass die Welt wie ein Geheimnis ist.

*Dirk Tilsner*

**Der Moment**

Dein Fuß auf einem Seil spannt
aufs Rad der Schaulust; kalter Brand
im weißen Mark der Allesfresser,
die sich auf dein Schicksal werfen ...
Präzis die Schritte, wie ein Messer
schneiden sie an ihren Nerven,
nur den Wind nicht ... Er entscheidet:
Beifall
oder
Aufprall

Im Staub, der deine Kehle raut,
erstickt der Mut, dein Wissen graut
am weißen Hemd der Allesseher,
die dir deine Zukunft richten ...
Gezielt, dein Vortrag, stetig näher
rückt das Urteil: Du willst Pflichten ...
Die Entscheidung alles scheidet:
Durchbruch
oder
Einbruch

Die Hand, die nach der deinen greift,
erzittert leicht, im Fieber streift
die weiße Haut, die alles-weiche,
deren Düfte Träume sprengen.
Im Zeitraum einer Woge reiche
ich nur Blicke, stummes Drängen,
das an Ungewissheit leidet:
an Eden laben
oder
lebend begraben ...

*Werner Siepler*

**Standesgemäßer Tod**

Ein Vegetarier wird schmerzlich vermisst,
der äußerst überraschend gestorben ist.
Weil man ihn in einer Grünanlage fand,
die Todesursache eindeutig feststand.
So ließ man die Hinterbliebenen wissen,
er hat standesgemäß ins Gras gebissen.


*Werner Siepler*

**Zum letzten Mal reingelegt**

Ein alter Grundsatz der Moral lehrt,
dass ehrlich zu sein, am längsten währt.
Weil dieser Grundsatz oft wenig bringt,
er manche Menschen zum Betrug zwingt.

So kann man nicht mehr allen trauen,
wird häufig übers Ohr gehauen,
mit windigen Projekten gelockt
und immer wieder mal abgezockt.

Kein Mensch irgendwas umsonst erhält,
jeder kleine Handschlag kostet Geld.
Wer nicht aufpasst, kein Misstrauen hegt,
wird schnell erbarmungslos reingelegt.

Hat der Tod dann gnadenlos zugeschlagen,
man liegt im Sarg, wird zu Grabe getragen,
äußern sich die Hinterbliebenen bewegt:
„Jetzt wurde er zum letzten Mal reingelegt."

*Werner Siepler*

**Fortschrittlich**

Der Fortschritt schreitet gewaltig voran,
auf die neue Technik der Mensch setzt,
zumal er hiervon profitieren kann,
die Bequemlichkeit allemal schätzt.

Der Fortschritt ein besseres Leben bringt,
einiges erheblich leichter wird,
was früher nicht möglich war, nun gelingt,
immerzu man was modernisiert.

So ist der Fortschritt für jeden bestimmt,
auch der Kannibale lebt komfortabel,
nicht mehr seine Finger zum Essen nimmt,
speist jetzt fortschrittlich mit Messer und Gabel.


*Werner Siepler*

**Das nützlichste Tier**

Das nützlichste Tier einzig und allein,
ist für uns Menschen zweifellos das Schwein.
Wenn das Leben einer Sau mal endet,
man von ihr alles komplett verwendet.
Von ihrem Fleisch der Metzger profitiert,
der es gewinnbringend anbieten wird.
Ihre Haut man sogar zu Leder gerbt
und es in modische Farben einfärbt.
Auch die Borsten werden nicht aussortiert,
sondern zu Bürsten umfunktioniert.
Selbst den Namen der Mensch so dann und wann,
als bösartiges Schimpfwort nutzen kann.

*Werner Siepler*

**Der Kopfschmerz**

Ein Mensch über arge Kopfschmerzen klagte,
seinen Hausarzt nach der Ursache fragte,
der ihn daraufhin recht gründlich durchcheckte,
aber dennoch nichts Krankhaftes entdeckte.

Doch der erfahrene Arzt letztlich wusste,
dass es hierfür einen Grund geben musste.
So fand eine weitere Kontrolle statt,
hierzu man eine „Röhre" verwendet hat.

Sodann endlich die Diagnose feststand,
der Grund für den Kopfschmerz lag klar auf der Hand.
Der Arzt sieht ihn allerdings als harmlos an,
mit diesem Wehwehchen jeder leben kann.

Da die Beschwerden harmloser Natur sind,
der Mensch vielleicht neuen Lebensmut gewinnt,
ist weder Krank noch „übermäßig verrückt",
lediglich sein Heiligenschein etwas drückt.

*Viktor Schwabenland*

**Viele Menschen**

Viele Menschen trinken Wein,
Manche kleckern, manche nein.
Viele mögen's kuschelweich,
Viele sind so richtig reich!

Viele Menschen machen Spaß,
Viele essen Fastfood-Frass,
Viele geh'n am Tag spazier'n,
Viele sind krank im Gehirn.

Viele Menschen essen Brot,
Manche sind bereits bankrott,
Viele sehnen sich nach Glück,
Viele kommen nicht zürück.

Viele Menschen hör'n Musik,
Viele Tanzen, manche nicht,
Viele fahren mit dem Bus,
Manche aber, wenn's sein muss.

Viele Menschen kaufen ein,
Viele wollen fröhlich sein,
Viele gehen nicht zum Arzt,
Manche, wenn die Wunde platzt.

Viele Menschen schlafen Nachts,
Viele essen Freitags Lachs,
Viele wissen nicht warum
Ist nun die Banane krumm.

Viele Menschen lieben sich,
Manche mehr und manche nicht.
Viele schauen abends fern,
Doch die meisten feiern gern.

Viele Menschen nerven uns,
Manche machen's nicht bewusst.
Viele Menschen rauchen Gras,
Ihre G'sichter sind so blass!

Viele Menschen sind so nett,
Manche mager, mache fett,
Viele haben Katz und Hund,
Viele kleiden sich zu bunt.

Viele Menschen tragen Bart,
Für die Frau'n ist das zu hart.
Viele wollen Kanzler sein,
Doch sie hab'n zu kurzes Bein.

Viele Menschen reden viel,
Auch wenn man's nicht hören will.
Viele spielen gern ein Spiel,
Nur nicht jeder hat ein Ziel.

Viele Menschen tragen Schuh',
Viele brauchen ihre Ruh'
Viele haben große Wut,
Doch den meisten geht es gut.

Viele Menschen machte Gott,
Viele sind aber schon tot,
Doch die meisten leben lang',
Und sie bleiben bei Verstand.

*Beate Ostoiki*

**Wann ist es soweit**

Wann ist es soweit,
wie lang dauert die Ewigkeit.
Wochen, Monate, Jahre,
nein, viel länger ich grad erfahre.

Wann ist es soweit,
wofür verwenden die Zeit.
Lohnt es sich ehrlich zu sein,
oder lügt man lieber im Verein.

Wann ist es soweit,
nur noch Heiterkeit.
Man glättet besser die Wogen,
weil man ist artig erzogen.

Wann ist es soweit,
vorbei der Streit.
Wofür die Energien verwenden,
es wird alles im Guten enden.


*Beate Ostoiki*

**Sonne aus der Blume**

Sonne aus der Blume,
also Sonnenblume.
Sie hat gestrahlt,
hab sie deshalb gemalt.

Später liefert sie uns Nahrung,
bringt man in Erfahrung.
Die Kerne stärken Nerven und Gelenke,
die Natur gibt uns wirklich Geschenke.

*Beate Ostoiki*

**Ich machte eine Reise**

Ich machte eine Reise in die Vergangenheit und Zukunft,
dies scheint fern von jeglicher Vernunft.
Raum und Zeit sind aufgehoben,
saß grad unten, flieg jetzt oben.

Es ist dann alles so normal,
nur noch Freude, ich hab die Wahl.
Das Herz entscheidet und nicht der Verstand,
so funktioniert das im Göttlichen Land.


*Beate Ostoiki*

**Zwei Bäume im Clarapark**

Zwei Bäume im Clarapark,
groß und stark.

Sie haben sich ineinander verliebt,
mh, dass es so etwas gibt!

Beide scheinen mit Himmel und Erde verbunden,
haben das große Glück gefunden.


*Beate Ostoiki*

**Bananen**

Bananen können das Herz stärken,
täglich eine, man wird es merken.
Eine halbe genügt auch,
belastet nicht so den Bauch.

*Beate Ostoiki*

**Ein weißes Blatt Papier**

Ein weißes Blatt Papier,
plötzlich leuchtet es vor mir.
Figuren sind darauf ohne Ende,
male ich alle, tun mir weh die Hände.

Einen ganzen Teil habe ich geschafft,
die Farben gaben mir Kraft.
Tag und Nacht könnte ich malen,
aber wer wird dann meine Miete zahlen.


*Beate Ostoiki*

**Schilddrüsenüberfunktion**

Schilddrüsenüberfunktion,
das hatte ich schon.
Größer wurden die Augen,
dachte schon, zu nichts mehr zu taugen.
Der Blutdruck sauste hoch und runter,
Nachts war ich meistens munter.
Im Darm fing es an zu rumoren,
Druck hatte ich in Herz und Ohren.
Zu guter letzt half Medizin,
nun ich wieder ganz die „Alte" bin.

*Beate Ostoiki*

**Kronenchakra**

Aus dem Kronenchakra kam eine weiße Friedensfahne,
ich hier nur noch Seltsames ahne.
Sie flatterte weiter in eine Tüte,
du meine Güte.

Eine Leuchtkugel trat aus dem linken Auge,
ob ich noch zu was Vernünftigem tauge.
Durch die Küche machte ein Kugelblitz die Runde,
ist das hier auf Erden meine letzte Stunde.

Aus meiner Hand schoss ein Blitz,
das ist kein Witz.
Er traf meinen gemalten Lebensbaum,
welcher war in diesem Raum.


*Beate Ostoiki*

**Blick ins Fenster**

Blick ins Fenster am Vormittag,
über meinem Kopf eine Leuchtkugel lag.
Ich brauche keine Silvesterraketen,
das Blitzen und Leuchten kommt wohl vom Beten.

*Beate Ostoiki*

**Wer, wie, was, wo ist GOTT?**

Wer, wie, was, wo ist GOTT?
ER ist mal langsam, dann wieder flott.
ER ist groß, auch mal klein,
die fließenden Gedanken unendlich rein.

Er hat einige auserwählt,
die Engel haben nachgezählt.
ER ist wellenförmige und knisternde Energie,
die Meisten glauben das nie.

ER ist eigentlich ohne Geschlecht,
macht es am Ende allen recht.
ER wünscht sich gute Menschen, die immer lernen
und schauen nach den Sternen.

ER hat Freude an schönen Dingen,
seine Helfer die Flügel schwingen.
Einigen hat ER keine Flügel gegeben,
diese mischen sich in Menschengestalt unter´s Leben.

ER war, ER ist, ER wird immer sein,
im Dunkeln und bei Kerzenschein.


*Beate Ostoiki*

**Alles Gute und viel Glück**

Alles Gute und viel Glück,
schau nach vorn und nicht zurück.
Am Ende stellt man fest,
das Leben hier auf der Erde war nur ein Test.
Es lohnt sich stets nach Gutem zu streben,
Gerechtigkeit gibt es erst im jenseitigen Leben.

*Beate Ostoiki*

## Wo komme ich her

Wo komme ich her,
das Leben hier ist schwer.
Bin ich aus Japan oder der Mongolei,
aus China oder der Türkei.

Wo komme ich her,
ich weiß es nicht mehr.
Bin ich aus Tunesien oder Frankreich,
Kind eines arabischen Scheich.

Wo komme ich her,
wohnte ich am Meer.
Wurde ich im Wald geboren,
haben meine Eltern mich verloren.


*Beate Ostoiki*

## Ein Jupiterjahr

Ein Jupiterjahr,
wie wunderbar.
Expansion wohin man schaut,
Häuser werden neu gebaut.

Blumen wachsen,
Kinder machen Faxen.
Der Regen lässt die Bäume größer werden,
es gibt mehr Glück auf Erden.

*Beate Ostoiki*

**In der Ruhe liegt die Kraft**

In der Ruhe liegt die Kraft,
esst mehr Gemüse und trinkt Saft.
Schlaft nachts sechs, sieben Stunden,
so kommt ihr am Tag gut über die Runden.

Haltet euch fit mit frischer Luft und Sport,
wird angeboten hier und dort.
Auch geht Gymnastik im eigenen Heim,
danach trinkt Wasser oder Haferschleim.


*Beate Ostoiki*

**Familienidylle**

Familienidylle,
welche Anmut, welche Fülle.
Die Kinder geben Kraft,
auch das Unmögliche wird geschafft.

Eine Freude, allen zu zusehen,
die Kleinen im Wasser planschend, Eltern auf der Erde stehen.
Der gute Geist der Nacht,
hat hier fünf Menschen bewacht.


*Beate Ostoiki*

**Mondjahr**

Das Mondjahr beginnt in der Astrologie nach Merkur,
danach setzt Saturn seine Spur.
Jupiter, Mars, Sonne und Venus wie immer folgen,
es gibt ein klares System hinter den Wolken.

*Beate Ostoiki*

**Wer ist der Bauer, wer die Dame**

Die Astromedizin hat es mir angetan,
zieht mich vollkommen in den Bann.
Lerne und lese viel,
das Leben ist wie ein Spiel.
Wer ist der Bauer, wer die Dame,
wie ist vom Widder der Name.
Möchte man lieber ein Steinbock sein,
hart im Nehmen, zielsicher im Verein.
Oder besser ein Zwilling, hin- und hergerissen,
gelegentlich etwas verbissen.
Vielleicht eine Waage,
diese ist freundlich am Tage.
Wäre man gern ein Skorpion,
mit Stethoskop und Mikrophon,
eventuell ein Stier,
immer das Schöne im Visier.
Ginge als Krebs auch ein Leben,
möchte in der Familie Gutes geben.
Ein Löwe zu sein wäre toll,
die Taschen mit Glück und Geld voll.
Als Jungfrau ist es interessant,
die Ordnung in der Hand.
Den Schützen hab ich hier noch vergessen,
er möchte sich mit anderen geistig messen.
Hoppla, Wassermann und Fisch noch fehlen,
diese sich gern mit Spirituellen vermählen.

*Beate Ostoiki*

**Das Leben ist ein Abenteuer**

Das Leben ist ein Abenteuer,
manchmal verbrennt man sich am Feuer.
Es ist nicht alles zum Lachen,
doch vieles kann Freude machen.
Zu malen für die LVZ,
ich dichtete auch noch im Bett.
Zum Essen war nicht immer Zeit,
aber für viele Bilder nette Verse bereit.
Was ist richtig, was ist wichtig im Leben,
ihr könntet euch selbst die Antwort geben.


*Beate Ostoiki*

**Lebertee**

PU-ER-Tee 03.00 Uhr trinken,
die Leber wird dir winken,
stärkt das Pfortadersystem,
los geht's, sei nicht so bequem.
Ein feuchten Klitsch noch auf den rechten Oberbauch,
du fühlst dich bald besser auch.

*Antje Rudolph*

**Die Liebe**

Liebe ist Geben, nicht Nehmen.
Liebe verzeiht, wo Verzeihen nottut.

Liebe ist Leben und leben lassen.
Liebe möchte gepflegt und beachtet werden.

Liebe ist Schenken, ohne beschenkt zu werden.
Liebe lässt sich nicht erzwingen.

Liebe lässt sich nicht kaufen.
Auch brauchst du ihr nicht hinterher laufen.

Gib Liebe, wenn du jemanden triffst, der keine hat.
Nur wer Liebe sät, wird auch welche ernten.

*Antje Rudolph*

**Schmetterlingsträume**

Als ich heute im Sonnenschein durch den Garten ging,
sah ich an einer Hibiskusblüte einen bunten Schmetterling,
freute mich und dachte so an dich.

Ich glaube manchmal möchtest du
ein bunter Schmetterling sein,
ausschwärmen in die weite Welt und dich dort niederlassen,
wo es dir gerade gefällt.

Ist dein Weg mal steinig und schwer, dann wünsche dir
ein Schmetterlingsleben so leicht und sorgenfrei,
denn viel zu schnell sind die schönen Momente vorbei.

Denk doch öfter wie der kleine Schmetterling,
der an der Hibiskusblüte hing.
Träum dich fort mit dem lauen Wind und sei glücklich,
wenn es auch nur Träume sind.

*Simone Marsollek*

**Verloren**

Dort,
wo Stille kein Schweigen kennt,
verirrst du dich.
Dort,
wo Feuer die Asche verbrennt,
verlierst du mich.

Die Dunkelheit
hüllt uns beide ein.

Dort,
wo Wellen im Meer ertrinken,
suchst du nach mir.
Dort,
wo Nebel in Schatten versinken
fliehe ich vor dir.

Die Ewigkeit
zerstört den Schein.

Dort,
wo Felsen zu Staub zerfallen,
vermisse ich dich.
Dort,
wo Stimmen aus Gräbern hallen,
verführst du mich.

All unsere Lügen
holen uns ein.

Dort,
wo Herzen vor Sehnsucht brennen,
wartest du auf mich.
Dort,
wo sich Seelen von Körpern trennen,
sterbe ich für dich.

All unsere Tränen
sind längst geweint.

Wo meine Stimme sich im Dunkel verliert
und deine Leidenschaft im Licht verbrennt.
Wo mein Verlangen deine Seele berührt
und dein Herz mich nicht mehr kennt.

Dort werden wir uns finden
und alle Hoffnungen für immer schwinden.
Dort werden wir den Schmerz ertragen
und alle Sehnsüchte auf ewig begraben.

Hier,
wo die Engel einsam weinen
und Himmel und Hölle sich vereinen,
hier sind wir gefangen im Schein,
hier sind wir verloren im Sein.


*Simone Marsollek*

**Das Ende**

Friedvoll und qualvoll,
lebendig zugleich,
voll Sehnsucht und Gleichmut
dem Tode gereicht
endlich unendlich
und ewiglich auch
löst die Hoffnung sich auf
in Schall und Rauch.

*Simone Marsollek*

**Ode an dich**

Ich wollt', ich wär ein Engel,
dann flöge ich zu dir,
würd' sanfte Küsse schenken
in deinem Traume dir.

Und durch dein Haar dir streicheln
so hauchzart wie der Wind,
der lieblich dich umschmeichelt
als wärest du sein Kind.

Und deine Haut berühren
Schmetterlingsflügeln gleich,
so dass sie dich entführten
in mein verwunsch'nes Reich.

Und wenn des Nachtes Schleier
dem Tage weichen muss,
dein Antlitz in der Morgensonne
noch zehrt vom Traumeskuss.

Und deine Augen lächeln
ganz selig, wie mir scheint,
als wär'n wir zwei in Wahrheit
auch innigst noch vereint.

*Simone Marsollek*

**Zerschellt**

Meine Gefühle
galten
nur dir,
doch
deine Kälte
nahm
meinem Herzen
die Wärme,
und so
zerschellte
meine Liebe
lautlos
an deiner Ignoranz.

*Diana Emler*

## Der Scheitel

Der Scheitel
war eitel
und blieb nicht auf dem Kopf.
Er rutschte so weit runter, als wäre da ein Zopf.
Der Kopf sprach: „Hey! Zurück in's Haar!
Du bist ja vielleicht sonderbar!"
Der Scheitel entgegnete: „Na und…
Sei still, du läufst doch nicht ganz rund!"
Er rutschte nach rechts und dann zur Linken,
so weit, bis ihm die Ohren winken.
Sie fingen an sich zu beschweren,
er solle sich doch hier wegscheren.
„Seid still, ihr Lüftungsschacht vom Hirn!"
Und zeigte ihnen den Vogel auf der Stirn.
Er saß da vorn, trieb quer und war ganz allein.
Ein Ponny wollt er auch nicht sein.
Er fand keinen Anschluss zu den anderen
und so beschloss er auszuwandern.
Sollten sie doch alle über ihn lachen,
der eitle Scheitel packte seine Sachen.
Er zog hinab in ein tiefes Tal
Und scheitelte das Haar, alle an der Zahl.
Sie waren sich dort sofort mit ihm einig
Und fielen weich und sehr geschmeidig.
Hier war er der König gleich
tief unten im versteckten Schambereich.
Hier war er mächtig und groß
Im warmen, weichen Schoß.
Er lachte stolz und eitel,
der Scheitel
und dankte Gott dem Herrn:
„Hier unten bleib ich gern."

*Diana Emler*

## Die t/r ote Ehefrau

Ein Anblick, der sich selten bot,
ihr Kleid war sexy und knallrot.
Wallendes Haar, wie ich meine,
und endlos lange Beine.
Hochhackig die Schuh,
so lag sie da, in Ruh.
So lag sie da, am Bodengrund
mit lippenstiftblutrotem Mund.
So lag sie da, tot und gut,
um sie herum ein Meer aus Blut.
Die schöne Frau, wie unliebsam!
Wer hat ihr sowas angetan?
Ihre Schönheit so verschwendet
und ihr Leben vorzeitig beendet?

Sie stand direkt in ihres Mörders Bann,
er war ihr am nächsten, es war ihr Ehemann!

*Diana Emler*

Zu Gesichte steigt mir die Hitze.
Ich spüre kleine Blitze,
Schmecke süß und gleichzeitig bitter.
In meinem Kopf tobt ein Gewitter.
Mein Herz, es brennt!
Da geht was vor, das es nicht kennt.
In hohem Bogen
werd ich magisch angezogen,
werd ich gefesselt und gebannt,
mein Herz entflammt
Ich zittre, bete, bebe,
spüre, dass ich lebe
so sehr wie nie zuvor.
Die Lust, sie steigt empor.
Ich will berühren,
lass mich verführen.
Meine Hand in seine,
spreize meine Beine,
leg den Kopf in den Nacken,
die Augen geschlossen, gerötet die Backen.
Ich begehre wie noch nie,
falle auf die Knie.
In den Himmel hoch ich sehe
„Mein Gott! Dein Wille geschehe!"

*Lea Sankowske*

**Engelsnacht**

Mitten in der Nacht,
bin ich erwacht,
von einem Klimpern,
vom Lichterschein,
draußen, und sicher war dies kein Sonnenschein.

Das Klimpern wurd lauter,
das Licht wurd heller,
die Welt war friedlich und wunderschön,
und immer noch kein Grund zu ersehen.

Plötzlich sah man einen Schatten, dann noch einen,
viele Personen durchschritten die Nacht.
Sie tanzten durch die Luft,
manche mit kleinen manche mit großen Schritten.

Ob männlich, ob weiblich,
dies ist unwesentlich,
einzig ihre Schönheit,
diese Gewissheit umhüllte mich.

Ich saß auf der Fensterbank,
und beobachte das Schauspiel,
irgendwann ward ich müde,
ich sah nur noch ganz trübe.

Aber als ich war erwacht,
ich nicht auf der Fensterbank lag.
Ich saß in meinem Bett,
und draußen war alles still.
Kein Glitzern mehr in Sicht.

Ein Traum kann dies aber nicht gewesen sein,
ich erinnere mich an den Glitterschein.
Und diese Personen, die waren nicht normal,
sie brachten mich ins Bett, sie lullten mich ein,
dies konnten nur Engel gewesen sein.

*Lea Sankowske*

**Du**

Und deine blauen Augen,
man mag es kaum glauben,
sie rauben mir jeden Verstand.

Dein wunderschönes Lachen,
es ist herzerwärmend,
und animiert immer zum mitlachen.
Und ist dein Humor teilweise auch etwas Hardcore,
du bist niemals ein Störfaktor.

Auch wenn du es vielleicht nicht weißt,
Du bist mein, ich bin dein,
Niemand trennt uns,
Außer du sagst nein.

Und mag ich nur eine kleine Autorin sein,
bitte erlaube mir meine Träumerein.
Auch ich bin nur ein Mädchen,
dem nun hoffentlich gehört auch dein Herzchen.

*Demian Wendes*

**Das wiedergefundene Leben**

Alles schien mir gleich und
Nichts ließ mein Herz noch schaudern,
Leben und tot sein, endloses
Siechen –
Ich gab mich hin –
Wohin, das wusste ich nicht,
Ich trieb
Ins Dunkle, und nun bin ich
Hier –
Alte Gewissheiten zerbrochen, bar jeder
Sicherheit;
Werde ich je ankommen? –
Ganz gleich: ich bin auf dem Weg
Und mein Herz lächelt (wieder).

*Ralf Rodrigues da Silva*

**Dunkel der Erinnerung**

War es das Vertrauen,
das unbekümmert mich erwachsen werden liess?
Oder war es die Nähe,
die behutsam mich erblühen liess?

Ist es die Verfehlung,
die kläglich mich ins Bodenlose trieb?
Oder ist es die Sehnsucht,
die fraglos mich ins Weite trieb?

Es blieb die Neugier,
die soghaft mich im Bilde liess.
Und es blieb die Torheit,
die gewissenlos mich ins Verderben trieb.

Es brauchte die Not,
die bleiern mich in die Schranken wies.
Ja, es brauchte den Trotz,
der selbstbewusst den Weg mir wies.

Es war die Nacht,
die gierig mich in manche Arme trieb.
War es der Tag,
der zwingend mich zur Ordnung rief?

Es wurde die Angst,
die lauthals mich zum Ändern rief.
Ja, es wurde die Verführung,
die magisch mich am Leben liess.

Da war der Verlust,
der still mich laut hinterfragen liess.
Und es war das Verstehen,
das jüngst mich noch vergessen liess.

War es der Hauch Vergänglichkeit,
auf des allbedeckend' Schleier ich stets stiess?

Es war die Leere,
die gnadenlos mich altern liess!

Das war es! War es das?
Was wird dereinst mir wohl geblieben sein?
Und wird es endlich zweifelsfrei für mich sein?!

*Ralf Rodrigues da Silva*

**Abgelehnt und doch geblieben**

Sehnsuchtsorte nennt man sie,
die paradiesisch klingen;
der Reise Hoffnung leiten sie,
das Andre zu umschlingen.

Zufluchtsorte heisst man sie,
gewebt aus Angst und Kummer;
wo sonst entspringt die Beugehaft,
gibt's Halt für Sehnsuchts-Schlummer?

Heimatorte ruft man sie,
wenn Ankunft nährt das Leben;
Herkunft bleibt ein Teil davon,
dem Leben Hauch zu geben.

*Ralf Rodrigues da Silva*

**Fremdworte - Fremdwohnorte**

Zuhause wusst' ich umzugeh'n
mit Worten meiner Sprache;
wo der Worte Genius ohne Pause war,
war ich ganz selbstverständlich zu versteh'n.

Ich liebte dort der Worte Klang,
im Rhythmus einer Symphonie;
als Wortakrobat berauscht davon,
umgab mich Wortphilharmonie.

Kaum Worte blieben unerhört,
mein Lebenselexier erhaltend;
ich gab der Sprache ihren Sinn,
den Wortschatz unverzagt gestaltend.

Hier sind mir viele Worte fremd,
getrennt, von Land und Leuten;
wo ist sie hin, die Sprachgestalt,
was will sie mir bedeuten?

Es schmolz auf leisen Sohlen
der Worte Hintersinn;
betroffen, unaufhörlich schmerzlich
ging auch der Lustgewinn dahin.

Der Worte Reichtum war zerronnen,
Spracharmut ward dazugewonnen;
wie war ich dereinst wortgewandt,
vorbei, jetzt trugen Worte nur Gewand.

Der Worte Gräben war'n zu gross,
was nützt' die Wissensenzyklopädie,
wo find ich heut' noch Wortes Trost,
da verlustig ging die Poesie?

Heut' fühl ich mich vom Wort beraubt,
verstummt ist meine Sprache;
sucht ich den Rückzug nur ins Wissenszölibat;
weil Fremde in mein Leben trat?!

Fremdworte heisst das Ungeheuer,
das fröstelnd mich ortsfremd betrog;
so wurde ich zur Klagemauer
stillschweigend flüchtig auch zum Misanthrop


*Ralf Rodrigues da Silva*

**Ich, nicht Du**

Wär ich, wie Du,
mein Mund würd' spielend Worte finden,
für das, was man so Liebe nennt,
sofern er sich zur Lust bekennt.

Wär ich, wie Du,
mein Blick würd' gern des Zauberlehrling's Meister sein,
für das, was dessen Seele spricht,
solang' er auf Verwandtschaft trifft.

Wär ich, wie Du,
mein Weg würd' frei von Zweifeln sein,
für die, die staunend ihn begleiten,
sofern sie Horizonte weiten.

Wär ich, wie Du,
mein Sein würd' nur in Deinen Bahnen kreisen,
für die, die Fremdheit schweigend tolerier'n,
solang' sie eig'nes Ich nur dabei nicht verlier'n.

Wär' ich ein wenig mehr noch Du,
ich wär' viel mehr noch ICH als Du!

*Ralf Rodrigues da Silva*

**Nächster Halt: Heimat?!**

Ein Dampfstoss, halber Meter bloss, -
Mensch samt Koffer mich umkragen;
die Lok verlockend majestätisch weilt
– so scheint's –
allein für mich bereit,
mein Schicksal aufzuladen.

Auf Schienen wird es aufgegleist.
Als Zug der Hoffnung,
längst entgleiste Seele schluckend zu entzieh'n:
Des Daseins Insel wollt' verlässlich ich verlassen,
ins Meer der Freiheit willig zu entflieh'n.

Gestimmt gespenstisch
zieht sie mich mit in ihren Bann;
unaufhaltsam unaufhaltbar
kennt sie allein der Route Ende und weiss wann.

Unbestimmtes Heisskalt ohne Halt
mahnt stumm zur Vorsicht auf der Reise
und gibt der Fahrt ins Ungewisse ihr Geleit:
Freiheitsdieben trotzend,
– hier auf meine Weise –
steh' ich widerständig jetzt bereit.

Die Düsternis vergang'ner Zeiten entfernt,
verflüchtigt sich allmählich;
Zug um Zug sollt' länger ich
kein Fremder in der Fremde bleiben:
berauscht erstaunt liess Tränen ich ins Auge treiben.

Es stand bereit, das Sehnsuchtsziel zum Greifen nah,
wo es am Interims-Boulevard sich ausgebürgert hat,
werden andere Götter strahlend wahr.
Wollt' ewig stumm verweigern mich

dem falschen Paradies von Stunde an:
In vollen Zügen nur noch echtes Leben leben
das eig'ne Mögliche erkunden – jetzt fühlt' ich Heimaterde,
ich war jetzt dran!

Ausgegrenzt: Endlich!
Heimat, fremdvertraute Heimat wart' auf mich –
ich erwarte Dich!


*Ralf Rodrigues da Silva*

**Liebes-Logik**

Das Herz erwärmt sich
stets aufs Neu'
auf seine Weise.

Die Liebe lebt,
legt sich fast sanft und leise nur
und hält dann lang noch ihren Ton!

Mir düngt, es ist,
– wohl weiter noch –,
vergossener Liebes Lohn:

Unvergesslich – unvergänglich: Eben doch!

*Ralf Rodrigues da Silva*

**Tagträumer**

Ein's war gewiss:
Die Zeit, sie kennt kein Ende;
erbarmungslos geht sie voran –,
gefesselt meine Hände.

Würd' ich erst frei sein,
den Weg des eig'nen Kompass' geh'n –,
ich würd' mehr Ich sein,
moralisch ausser mir besteh'n.

Ein's wird gewiss:
Die Zeit, sie nimmt und nimmt kein Ende;
schicksalshaft, die Schattenrisse über mir –,
pünktlich, jäh und Stund' um Stunde,
übermächtig klopft sie an der Tür.

Der Tag wird kommen,
an dem die Ketten and'rer
singen ihre eig'nen Lieder –,
lautstark, ja heiser, mit erhob'ner Stimme
sterbe ich nicht wieder.

Ein's wird gewiss:
Die Zeit, sie findet heute noch ihr Ende;
ich werd' nicht mehr der Gleiche sein!
Mein Weg aufatmend, silbern streift ein Hoffnungshorizont;
dahinter unendlich weit, weltenschlenderisch besonnt.

Ein vager Nebelschleier breitet plötzlich seine Arme aus –,
sekundenlang entzieht farbtrunk'ne Bilder mir:
War es noch Nacht, der Tagesanbruch zu verfrüht?
Wess' blasser Zweifel konnte mein Gewissen trüben,
noch bevor ganz standhaft ich dem „Jetzt" entflieh'?
In's „Dann" zu gleiten, wie zeitlebens,
das verziehe ich mir nie!

Es war ein Wimpernschlag, ein zierlich Mikrosonnenstrahl;
– es gab kein Halten –,
der Milde gerad' liess mit mir walten:
Ich war nun wach – das „Heut'" schien
plötzlich unerwartet unerreicht:
Ich war im „Jetzt" noch längst kein and'rer –,
nur selbstbespiegelter, vielleicht.

Ein's wurd' gewiss:
Die Zeit nahm mir erneut den Traum –
er fand vorerst sein jähes Ende;
doch bringt die Zeit,
so hoffnungsvoll und quälend,
manch schicksalhafte Wende.

Ich war gewiss,
ich halt mich mehr denn je dazu bereit,
es kommt die Zeit,
vielleicht ein andermal zu mir –
in meinem ewig grossen „Lebenswillen-Lebenskleid"!

*Ralf Rodrigues da Silva*

**Trugschluss ausgeschlossen**

Der Mensch, er ist ein buntes Tier
mit tausendfachen Farben:
Er putzt sich auf, hebt sich empor,
verwandelt Sehnsuchtsroben.

Dem Gaukler gleich, geriert er sich –,
das Publikum begeistert:
Sollt' Argwohn sein Begleiter sein,
wo schöner Schein verzaubert?

Die Skepsis wendet stets das Blatt,
sie lässt nicht optisch täuschen;
auch Ahnung wird sein Pate sein,
soll Bauchgefühl gehorchen.

Wo Wahrheit ist, durchschaue ich,
denn Illusion bleibt mir verboten:
Die Menschenkenntnis ziert sich nie,
den Trugschluss nicht zu schonen.

Entkommen konnt' mein Ego kaum,
Tristesse wollt' flügellahm entfleuchen:
Erlag der eig'nen Täuschung Kraft,
mich selbst als Pracht zu preisen.

Die Täuschung war perfekt darin,
sich als Begehr' zu tarnen:
Enttäuscht war nur mehr ich von mir,
Kalkül hiess das Versagen!

*Ralf Rodrigues da Silva*

**Niemandsland**

Kaum hatte ich das Licht der Welt erblickt,
war NIEMAND da, der meinen Namen stickt.

NIEMAND wollt' an meiner Seite sein;
ich lernte schnell,
keine Last für NIEMAND zu sein.

Es gab den Ort,
an dem ich NIEMAND störte,
wo ich, wie NIEMAND, hingehörte.

NIEMAND wollte NIEMAND sein;
Ich sollte hier der einz'ge sein!

Wer NIEMAND war
und NIEMAND'S Flagge hisst,
nur jener weiss,
wess' NIEMAND' Kind er ist.

*Ralf Rodrigues da Silva*

**Versprochen gebrochen**

        L

              E


ER

            E
      W  O

        R

           T
  E
    !

*Tess Schirmer*

**Zeitvertreib**

ich sah dich –
ein winziger Augenblick gebrochener Zeit –
wie ein Schatten vorüberziehend –
Blicke, die sich kreuzten –
Sekunden, die so sehr schmerzten

deine Augen leuchten so strahlend –
doch mein Himmel glüht im Grau –
und du schaust fort –
Leuchten für deine Erlösung –
doch nicht von mir –

denn ich war nur Luft
die du nicht mehr atmen willst
ein Leben für ein Zwischendurch
für kurze Zeit
ein Zeitvertreib

*Tess Schirmer*

**Zweite Seele**

Bin zu lange fort gelaufen
Flucht den falschen Weg mir weist
Zu spät was mir schon inne wohnt
Schatten der mich niederreißt

Dich haltend kann ich dir nicht sagen
Was geschieht dort in mir tief
Dich liebend wenn wir nicht geweckt
Was schon immer in mir schlief

Wenn wieder sich zum Vorschein zwingt
Und du mich nicht wieder kennst
Wenn ich nicht weiß, was ich getan
Und du vor meinen Worten rennst

Konturen verschwimmen in der Zeit
Kannst unmöglich träumen hier
Wo die Nacht die Wirklichkeit
Wenn mich wieder selbst verlier

Und du siehst nicht was ich fühl
Um welch Bewusstsein noch gerungen
Kannst kämpfen du nicht mehr
Um was noch nicht von mir verschlungen

Wie kannst lieben du zwei Seelen
Deren einer Treue schwört
Deren andrer dich beraubt
Und doch keiner deine Worte hört

Ich weiß dass ich nun einsam bleib
Denn ab hier geh ich allein
Denn niemand kann solch Wesen lieben
Dessen Seelen niemals ein

*Marko Ferst*

**Von dort kippt alles**

Türkis und Blau
der Fluß strömt
in Gletschermassive geschnitten
ein Grand-Canyon in Weiß
wo der andauernde polare Tag
jegliches Sternlicht löscht
selten grüßen Sonnenhunde

Grönland aus dem All
ein Blick auf immer mehr Seen
sie sammeln sich an
und schwinden in Stunden
hinab in tiefe Eisschächte
dringen in den Untergrund
zeugen reibungslose Flächen
tonnenschwerer Gletscherschutt
Kolosse kalben ins Meer
das wärmere Wasser
zieht an die Ungetüme
immer schneller

Nur hoch im Norden
verblieb eisiges Grönlandmassiv
die letzte Warmzeit
als Flußpferde badeten im Rhein
es sackte der Eispanzer
in immer tiefere Lagen
beginnt das gigantische Tauen
fünf, sechs Meter
hob sich alles Wasser
auf dem lebendigen Planeten

Der weiße Meereskontinent
die Forscher irrten
Jahrzehnte schneller als vorhergesagt
brennt sich ozeanschwarz

die Sommerschmelze voran
frei liegt die Wrangelinsel
rasant schwanden die Iglus
aus deren Höhlenrund
kleine Eisbärenköpfe lugen
und nichts mehr trägt
für die Jagd


*Marko Ferst*

**Nachspeise**

Frosthärte draußen
innen leichte Vorstufe zur Sauna
wir verstecken uns
in der dunklen Abstellkammer
für Küsse und Umarmungen
die Tochter
erwischt uns trotzdem
können Blicke strafender sein?


*Marko Ferst*

**Geister mit Schleimspur**

Nach Mitternacht
interessieren sich neue Gäste
in wilder Verrenkung
unglaublicher Transport
schwarzgraue Kriechkreaturen
schleppen Brekkies
von dannen
aus dem Katzennapf

*Marko Ferst*

**Schwarze Plage**

Ein letztes Mal
erholten sich die Wälder
er hatte seine Schrift diktiert
quer durch Europa
Flöhe und Ratten
wirkten als Strafe Gottes
sie forderten
Tribut um Tribut

Die schwarze Luft
eine apokalyptische Botschaft
die Dorf um Dorf auslöschte
jeden konnte es umklammern
die falschen Schuldigen
erschlug man darüber hinaus
ein reichlicher Vorrat
an Aberglauben sammelte sich

Landschaften und Natur
erlangten eigene Kontur zurück
hinweggerafft
ein Drittel der Menschen
jene die überlebten
als der Hunger gebannt war
gossen mehr denn je
aus den verbliebenen Kelchen

Wieder an Wert
gewann der einzelne Mensch
besser bezahlt sein Tagwerk
an vielen Quellen
wurde ganz neu begonnen
beiseite gelegt
was bisher anführte

*Marko Ferst*

**Kirschen**

Hoch oben hängen sie
man rechnet in Prozenten
nicht in Sicht ist die Ernte

Saftige Kirschenkost
und Steine spucken
Revolutionen sind unkalkulierbar

Manche Preise lassen
sich nie bezahlen
die Stare schnappen zu

Im Winter blühen
weiß nur die Träume


*Marko Ferst*

**Nicht mehr da**

Immer noch hoffen
auf deine schwarze Kontur
vor dem Fenster
mautzen
buschiger Schwanz

Auf allen Wegen
kein Katzenindiz
wie betäubt
schleichen sich
die Tage davon
der Kopf brennt

Drei Katzen fehlen
auf einen Schlag
in unserer Straße
nach angepinnten
Suchzetteln
völlig apathisch
gelangt eine zurück
das ergibt nur
einen Reim

Keine Lady
die sich über
die Tastatur räkelt
Schriftstellerkatze eben
Futter haschendes
Schnäuzchen
nötiger Tierarztbesuch
als Vorwarnung

Wie tötet man?
der schlimme Verdacht
ist ausgelegt
jemanden störten sie
die Seidenfelle
und es bleibt die Sorge
ein junges, neues Tier
läuft dem Hasser
in ausgefahrene
Krallen

*Marko Ferst*

**Kra-Kra-Kra**

Walnüsse gibt es in Fülle
doch wie kommt man
an die Leckerei
unter ihrer Hülle?
schwarzbefedert gerät leider man
leicht ins Hintertreffen dann
Nußknacker können wir nicht bedienen
doch sehen Sie betret'ne Mienen?

Schlaue Rabenvögel wie wir sind
tragen im Schnabel fort geschwind
die guten Stücken
klack - immer wieder - klack
aus luftiger Höh
schlägt auf die Schalenfrucht
und zack - zwei Hälften

Nun ist der Krähentisch gedeckt
und da die Nuß gut schmeckt
wird Nachschub schnell besorgt
zuweilen stört das Blechmobil
es fährt zu Matsch das schöne Ziel
ihr Leute schert euch weg,
das ist jetzt unser Fressensfleck!
kra, kra!

*Marko Ferst*

**Nachtwanderung**

Schon stehen irgendwo bereit
dünne Schleier, alte Hexenbesen
fort vom Ferienlager
ein Ausflug auf das freie Feld
und keine grauen Wesen
spuken hinter Apfelbäumen
noch strahlt der Sommer pur
doch die Zeltnacht schleicht heran
schon bald: Kinderflüstern nur

Die Gespensteruhr schlägt an
zur unbekannten Zeit
es tickt in den Schlaf, ins Ungewisse
endlich ist es dann soweit
irgendwann nach Mitternacht
Hände wecken Kinderaugen
auf ihrem Pfad geben alle acht
graue Nebel rings umher
selbst der Mond hat sich versteckt

Auf ins Spuk- und Schauerland
stiller wird die Stille
schwarzer Wald, er rückt heran
greift zu, verschluckt
nur Atem ist zu hören
ein wilder Aufschrei dann
hinterrücks flüchtet etwas
die Zweige knacken
es bleibt ein angespannter Bann

Gruslig rote Augen funkeln
in weißen Spukgewändern
ganze Horden kreischend
hechten tumb im Dunkeln
und das nächste Schweigen

führt zum Knochenmann
er grüßt das Morgengrauen
mit seinem Armgebein
doch jeder Pfad ist irgendwann
abgeschritten bis zum Ende
im Zelt schläft jeder ein
so nach und nach


*Marko Ferst*

## Wolga

Mitunter ohne Horizont
Meer wie Fluß
ausladende Breite
Inselflecken
von Zeit zu Zeit
frischer Fisch im Kutter
rostiges Metall
Lastschubkähne in Übergröße
waldbestückte Uferhänge
Passagiere
die am nächsten Halteponton
aussteigen
weiß und schnell
Tragflächenboote
irgendwo wird
eine Gans gerupft
für den nächsten Sonntag
Dörfer hier und da
Wiesenweiten
Heuschober

in der Nähe von Kasan

*Marko Ferst*

**Blaues Wüstenauge**

Salzschleier ziehen hinweg
über die Ebenen, die Menschen
dein Blick erloschen
Kamele rupfen karges Grün
auf einstigem Seegrund
wo schwammen deine Fische hin?
großer blauer Aral
die Aile beherrscht der Sand
ihre Zeichen ritzt frische Armut
in unförmigen Auswüchsen
Meter um Meter
sank die Hoffnung
rostige Fischertrawler
ankern auf vergessenem Posten
ein Abschied für immer
und es flohen
immer mehr packten ihre Habe
und niemand atmet mehr
frühere Kurluft
verwaiste Kinderferienlager

Einst hatte ich noch
deinen letzten Blick erhascht
auf meiner weiten Reise
gen Buchara und Samarkand
selbst die Wölfe
darben unter der kurzen Ernte
tumben Fortschritts
Baumwollkleider trockneten
Augen, Tränen, Flüsse
spalteten auf die Kettenglieder
von Generationen
Bauernhände ruhen
auf unfruchtbarer Erde
Fischer bleiben ohne Ufer
niemand kann gesunden
nur die Klage überdauert

*Marko Ferst*

**Kontinentales Klima**

Die gestaute Kama
am anderen Ufer
der langgestreckte Hügel
eine Hälfte unsichtbar
hinter graublauer Wand

Über der Stadt
die Sonne sticht
doch das eine Wolkenfeld
binnen Sekunden
spült sich der Himmel frei

Das Haltestellendach
fängt kaum ab
Straßen schwellen zu Flüssen
Selbst beschirmt
legt sich niemand an
mit den Regenpeitschen

Набережные Челны, Sommer 2014

*Marko Ferst*

**Lamentate**

*Zur gleichnamigen CD von Arvo Pärt*

Auf den Rücken dieser Welt
Punkt für Punkt
die Töne im Großen
im Fluß von Leben
die Sedimente der Trauer
allumfassend, endgültig

Gegenübertreten
dem ewigen Nichts
alle Qual und Pein
in Musik gebunden
existentiell
und dennoch
das Göttliche schauen

Laßt uns die Kreuze abnehmen
und feiern die Feste
irdischen Seins
aufbegehren gegen Unrecht
und aushalten den Text
der aus den Fugen
dieser Welt rinnt

Tonfolgen die ein Band
zwischen allen Teilen
zum Leben erwecken
Schreiten aus den Räumen
bevor das Jenseits
uns für immer nimmt

*Ine Paulsen*

**Ich seh' dein Bild**

Ich seh' dein Bild und ich frage mich:
Nimmst du mich? Nimmst du mich an, wie ich bin?
Denn ich bin wie ich bin und das hat seinen Grund.
Das hat sogar seinen Grund
und diesen Grund hab' ich mir nicht ausgesucht.

Ich seh' dein Bild und frage mich: Erschrickst du dich?
Also erschreckt es dich, wenn du sie siehst, die nackte Wahrheit,
die zwar versteckt ist, aber doch da ist.
Die da eingeritzt ist auf meiner bloßen nackten Haut.

Ich seh' dein Bild und ich frage mich:
Bist du da für mich? Bist du da für mich,
wenn ich dich brauch',
wenn ich da setz auf diesem Grund und …
Würdest du dich zu mir setzten?

Ich seh' dein Bild und ich frage mich: Magst du Lebendigkeit?
Lebendigkeit, die einfach nur da ist, die mich mich spüren lässt,
die pure Energie ist und die ruft,
dass das Leben einfach nur schön ist.
Ist sie zu viel für dich?

Ich seh' dein Bild und du siehst meins
und so stellen wir uns beide unsre Fragen.
Ich kenn' die deinen nicht, aber ich kenn die meinen
und so frag ich nicht: Stört es dich? Magst du mich?

*Carola Seyffarth*

**Feuervogel**

Ich lag auf meinem Bett und hörte Radio,
der Mann darin erzählte von einem Krieg in „Irgendwo".
Von Kindern voller Hunger und Morden wegen Geld,
von Flüchtlingen des Krieges und Not in aller Welt.
Da erschien ein Vogel, aus Feuer und aus Glut,
mit strahlendem Gefieder und Augen rot wie Blut.
Er schwang sich in die Lüfte, macht mit dem Wind einen Tanz
und schenkt mir eine Feder von wundersamen Glanz.
„Sie erfüllt dir deine Wünsche, davon doch nur drei,
halte sie in Ehren und überleg dabei!"
Sie lag in meinen Händen und brannte glühend heiß.
Was soll ich mir nur wünschen, fragte ich mich leis.
Ach bitte gib uns Frieden auf der ganzen Welt,
mach das niemand hungert und das Geld nicht zählt.
Darauf schwang der Vogel aus Feuer und aus Glut
sein strahlendes Gefieder und die Welt war gut.
Es herrschte wieder Frieden, die Menschen hatten Brot
alle waren glücklich, keiner hatte Not.
Da hört ich Kirchenglocken, die schlugen gerade acht
und von ihren Klängen bin ich aufgewacht.
Ich lag auf meinem Bett, es lief das Radio.
Der Mann darin erzählte von einem Krieg in „Irgendwo"
von Kindern voller Hunger und Morden wegen Geld
von Friedensdiskussionen auf der ganzen Welt.

*Grete Scheida*

Im Labyrinth des Daseins
suche ich ein Navigationsgerät.
Werfe gesellschaftliche Prothesen weg,
begrabe alle Konditionierungen in den Garten.
Es lebe das Bauchgefühl!


*Grete Scheida*

Alle Karfreitage meines Lebens
wurden nicht durch eigene Kraft
zum Ostersonntag.
Das Wollen und Vollbringen
ist ein Geschenk, fast unverdient.


*Grete Scheida*

Ich spinne mir ein Netz
Aus Blüten und Sehnsucht
Weil die Seele friert.
Das Kind in mir
verspürt wieder
die Lust am Bunten.
Karminrote flammende Luftmaschen
werden größer
für die geliehene Zeit.
Ich spinne mir ein Netz
ob es wohl hält?

*Grete Scheida*

Heimat
ein Wort,
in der Seele eingraviert ohne Plural,
mystifizierter Balast,
an den Grenzen
transzendiert er sich.

Heimat
ein Wort
in bleierner Schale
mit feurigem Kern, an den Grenzen
traditionierte Glut.

Heimat
Ein Wort
in Reden zerredetes,
musikalisch vertontes,
athletisch vertretnes Wort,
todesnah kriecht es durch die Seelen.


*Grete Scheida*

**Zevenaar**

Auf der Engelsbrücke in Rom
stand ich einsam
in einem Funkloch,
kein Gespräch war möglich.
Wo bist du?
Auf der Engelsbrücke in Rom
stand ich einsam.

*Grete Scheida*

## Haiku

Bin Bogenschütze
ohne Erfolg und Pokal
verwackeltes Ziel.


Der Baum in mir sagt:
Dein Schmerz ist ein Wachstumsschmerz
gewähre ihm Raum!


Lichtdusche im Lenz,
alles nur ein Augenblick,
die Seele badet.


Das Glasfasernetz
zwischen einsamen Menschen
Schreie der Seele.


Wie Strandgut am Fluß
liegt sie weinend im Leben
worauf wartet sie?


Sattheit des Sommers,
hole das heilende Licht
aus meinem Schatten.

*Grete Scheida*

Neben meinem abgefahrenen Lebensweg
glänzt der Tag auf den Gräsern
neben Kurven und Pannen.
Trotzdem laß mich am Abend
Zurückgeben das geschenkte Licht.
Wenn Panzer
      rote Rosen schießen,
wenn Bomber
      die Erde mit Brot begießen,
wenn der Stacheldraht
      aus Liebe gewebt,
hat der Mensch
      die allumfassende Liebe gelebt.


*Grete Scheida*

Meine Dramen und Komödien
bewahre ich auf,
wie einen Koh-i-Noor.
Sie gaben meinem Leben
Dichte, Fülle und Wunden.
Sublinierten meine Seele.


*Grete Scheida*

Altsein ist nicht „in".
Liebe Falten,
ich gebe auf,
macht was ihr wollt -
lasse euch freien Lauf.
Dann bin ich eben,
ein Altbau mit Reparaturstau.
Liebe Falten,
ich gebe auf.

*Grete Scheida*

Verkaufsoffener Sonntag.
In meinem Bauchladen
liegen drei unverkaufte Wörter:
Demut
Stille
Erfurcht.
Die Renner waren:
Cool
Highlight
Aktion
Alles im Griff.


*Grete Scheida*

Erdbeeren im Winter
Skipisten im Sommer
Festtag wird Arbeitstag
Botox für die Falten
Zerstörter Rhythmus
Laßt doch die Zeit-Zeit sein.
Sag mir was du vom Leben weißt?
Sei nicht grausam zu dir selbst!
Sag mir was du vom Leben weißt?
Bade den Flohmarkt deiner Gedanken rein!
Sag mir was du vom Leben weißt?
Folge der Blutspur deiner Wunden!
Sag mir was du vom Leben weißt?
Nichts kommt zwei mal.

*Norina Fisch*

**Der rote Mohn**

Auf der Wiese vor meinem
Haus, zwischen Müll und
Kot, da grub er sich raus.

Der rote Mohn strahlte
alleine vor sich hin.
Wog mit dem Wind.
Summend umgarnt von viel Getier,
bewundernde Blicke
vieler Menschen gar.

Im nächsten Jahr, ist das
rote Köpfchen vielleicht wieder da.


*Norina Fisch*

**Durch blühende Sauerkirschzweige**

Wo meine Gedanken noch leicht, ...
durch blühende Sauerkirschzweige zogen,
meine Zehen das zarte Gras
zerwühlten.
Ich in Melodien hing, meine klebrig süßen Lippen leckte
und in den Wolken versank.

Jahrzehnte fort ... Menschen mit mir
gingen und verschwanden.
Es bleibt nichts wie es war, noch Mensch
noch Ort Veränderungen in einem fort.

*Norina Fisch*

**All die schönen Düfte**

wenn der Frühling sich schon zeigt
und dich erregt und sich dann doch
der Winter darüber legt.
Die Blümchen zugedeckt von Schnee
und Matsch und Dreck.
Dann sind all die schönen Düfte weg.
Die Stimmung begraben, die Schönheit, die Zeit gestohlen.
Dann muss der Herbst sich was vom
Winter holen.


*Betti Fichtl*

**Frieden**

Noch schützen
die Flügel
des Friedens
das Land
fern der Kampfzonen.

Noch sind ruhig die Straßen
ohne Soldaten
und zerstörende Bomben
verläuft das Leben
im geordneten Lauf.
strömen die Menschen
die Geflohenen
in das Land
um Frieden zu finden.

*Betti Fichtl*

**Nacht**

Silberne
Sternennacht
im Adagio
der Lüfte.
ruht
über dem
leisen Asphalt.

Lindert
die Wunden
mit ihren Schleiern.
sanft zum Morgen.


*Betti Fichtl*

**Momente**

Momente
tauchen
in den Tag
umspielt
von den Etüden
der Freude.

Sind
die Seltenen
und bleiben
unvergessen ...

*Jeannette Vogel*

**Stern von Bethlehem**

In gnadenreicher Weihnachtszeit
sind wir für Harmonie bereit
die Menschen steh'n einander nah
Im Glauben was dereinst geschah

Doch gleichsam aus dem Hinterhalt
droht uns der Terror mit Gewalt
und mit Besorgnis ist auch klar
die heile Welt ist angreifbar

Da zeigt der Himmel sich präsent
wenn unter ihm die Erde brennt
er lässt den Stern von Bethlehem
an Heiligabend aufersteh'n

Sein Leuchten aus der Ewigkeit
geboren für die Christenheit
strahlt in die weite Welt hinaus
geradewegs in jedes Haus

Bald glitzern Lichter überall
in Stadt und Land von Berg zu Tal
zu Ehren Christus Gottes Sohn
als Dank für seine Mission

So sind wir jedes Jahr bestrebt
dass unser Erbe weiterlebt
um die Botschaft zu verstehen
und den Sinn darin zu sehen

*Jadwiga Nehls*

**Die Schneekönigin**

Weit weg hinter dem Horizont,
Wo der Nordpol liegt,
Dort wo das ewige Eis alles bedeckt,
Dort wohnt die Schneekönigin,
Dort wo Polarnächte zu bewundern,
Die geschmückt im Mondschein,
Dort wohnt die Schneekönigin,
In ihrem Kristallschloss,
In einem weißen Kleid,
Gewebt aus Schneediamanten,
Sie eilt in ihrem Schlitten,
Überquert die eiskalte Landschaft,
Ihr Blick kalt und frostig,
Ihr Gesicht leicht bedeckt,
Wo sie hinschaut, wo sie anfasst,
Alles wird mit Eis versiegelt,
Mit magischen schwarzen Kräften,
Herrscht sie unbesiegt.
Was sie möchte wird zu Eis,
Keiner kann sie je aufhalten,
Denn sie ist die einzig Wahre und mächtige Königin.

*Jadwiga Nehls*

**Gedichte**

Ich schreibe meine Gedichte für alle
Ich schreibe sie aus meinem Herzen heraus,
Ich schreibe sie aus ganzer Seele,
Um die Menschen zu begeistern.

Sie sind fließend wie Melodie
Auf der Meereswelle,
Jeder kann sie hören,
Sie klingen aus der Ferne.

Sie sind wie Träume,
Aufsteigend über die Welt.
Mit ihnen Seufzer des Herzens,
verbleibend hier in mir.


*Jadwiga Nehls*

**Wir Frauen**

Frauen sind romantisch,
wechselhaft und spontan,
Verzaubern reizvoll mit Charme.
Mit Blicken ziehen sie uns an!
Frauen schenken viel Liebe,
Frauen lieben euch!
Frauen erwärmen eure Herzen,
Frauen verehren euch!
Frauen sind wie Meerjungfrauen,
Wunderschön und fabelhaft,
Frauen euch entzücken,
Wie Wein berauschend.
Frauen sind einfach hinreißend!

*Jadwiga Nehls*

**Ostseespaziergang**

Das blaue Baltikum Wasser,
Wie eine Perle silbern glitzert,
Wind schlägt das Wasser geschwungen
Um das Ufer mit goldenen Meeressand.

Die Küstenerde des sommerlichen Strands,
Errötet in der heißen Sonne,
Zu hören die Wellen des Baltikums,
Nachhallen in der Ferne.

Der Wind schaukelt die Meereswellen,
Singt leise ihnen Schlaflieder,
Das Schummerlicht kommt bereits,
Die Dämmerung brennt langsam,
Und die begehrte Ruhe ist gekommen.

Ich flaniere auf dem Meeresstrand,
Der Wind vertreibt stets mein Haar,
Ich genieße den einen Augenblick,
Die wunderschöne Meeresatmosphäre.

*Jadwiga Nehls*

**Sorglose Kindheit**

Wann war es?
Bereits vergessen!
Ich lebte sorglos,
fröhlich und lächelnd.

Ich war ein kleines Mädchen,
Ich rannte barfuß,
Auf grüner Wiese,
Bedeckt mit Morgentau.

Ich sammelte Gänseblümchen,
Weiß und duftend,
Blumenkränze flechtend,
Auf der grünen Wiese.

Ich lauschte mit Freude,
Der singenden Grille,
Der Grashüpfer sprang,
fröhlich herum.

Den roten Marienkäfer,
Nahm ich in meine Hände,
Ich flüsterte leise zu ihm,
Die herzlichsten Wünsche.

Und mein Herz lachte fröhlich,
Dankend und bewundernd,
Die fabelhafte wunderschöne Zeit.

*Jadwiga Nehls*

**Wörter**

Wörter, können so viel ausdrücken,
Wörter, können Gedanken abbilden,
Wörter, die entkommen in die Welt,
Wörter, durch Wind längst verstreut,
Wörter, angenehm für das Ohr,
Wörter, die gerne gehört,
Wörter, rein und ansprechend,
Wörter, stimmhaft und sich fügend,
Wörter, die uns berühren,
Wörter, die uns beschäftigen,
Wörter, die uns leiden lassen,
Wörter, die wertlos,
die davonlaufen in ihrer Eitelkeit,
Nicht mal die menschliche Rede zählen kann,
Wie viele Gedanken man aus ihnen bilden kann.

*Petruta Ritter*

**Abschied von ihm**

Er ging von mir
Mit trüben Blick.
Erstarrt, verstummt
Blieb ich zurück

Das Herz versank
In Bitterkeit
Wie schwer es trug
Das stumme Leid

Wie leer um mich
Wie groß das Haus
Wo er so lang
Ging ein und aus

Des Glücks beraubt
Auf meinem Pfad
Fiel Dunkelheit
Alleinsein naht

Wenn auch irr
Der Abschied, schwer
Es gibt zurück
Keinen Steg mehr

*Petruta Ritter*

**Der Fels**

Im Drang der Freiheitslust entschloss ich mich
Den Fels bis zu dem Gipfel hochzugehen
Befreit von Not und Zwängen innerlich
Mit klaren Blicken der Bäume Wipfel sehen

Am Grunde dieses Bergmassivs seit früheren Zeiten
Verbirgt sich ein Geheimnis undurchdringlich, tief
Phantasiegedanken meinen Geist begleiten
Kaum zu begreifen, dass dort mal Meereswasser lief

Seit Urbeginn in steter Zeitbewegung
Der Wetterwechsel umformte diese Erde.
Ein Abenteuer in ewiger Erregung
Ein ruheloser Kreis von Stirb und Werde


*Petruta Ritter*

**Des Lebens Freudentanz**

So bist du wieder in dem grünen Wald
Dem Lärm der großen Stadt entkommen
Vertrautes Glück hat dir die Angst genommen
Von schwerem Atem und glotzendem Asphalt

Wie unbeschwert der Hang am Himmel ruht!
Noch keine Wolke trübt sein klares Blau
Die Wiese glänzt in reinem Morgentau
Schwelgend in der süßen Wonnenglut

Was dir im trügerischen Großstadtglanz
Verloren ging, das findest hier du wieder
Mit dir im Einklang du schließt die Augenlieder
Und fühlst des Lebens Freudentanz

*Petruta Ritter*

**Geboren für die Ewigkeit**

Ich übersah von so viel Nacht
Wie durch das verträumte Feld
Mit warmer Hand die Frühlingswelt
Streute sie verjüngte Pracht

Übers Land – und siehe da
Wie es keimt und blüht und glänzt
Wachstumslust an Wunder grenzt
Wenn Gottes Hauch der Erde nah

Die Verwandlung mächtig, still
Durch die Schöpfung macht die Runde
Ach Natur, an diesem Spiel
Ein Geheimnis liegt zugrunde

Ein stummes Glück, ein leiser Ruf
Ein leichtes Beben durch die Zeit
Was für ein Rätselwerk Gott schuf
Geboren für die Ewigkeit

*Petruta Ritter*

**Auf deinem Schoss**

Auf deinem Schoß, lass mich verweilen
Mit dir die Lebensfreude teilen
Den Blick zum Himmelstor
Lass mich auf den weiten Fluren
Suchen nach des Glückes Spuren
Die ich einst verlor.

Du Seele der Natur, dir nah verwandt
Ich fühle mich – lass deine warme Hand
Mein Herz berühren
Mit dir vereint, befreit von Alltagspflicht
Von deiner Sanftheit, in das Reinheitslicht
Lass ich mich gern entführen

In einer Welt, die keine Schranken kennt
Von irdischer Missgunst getrennt
Von Angst und Zwang
Durch das Blumenfeld glückselig schweben
Einen Hauch erhaschen aus unbeschwertem Leben
Wenn auch nur einen Tag

*Petruta Ritter*

**Königin der Nacht**

Selbst erstaunt sie glänzt nur in der Nacht
Wenn ihre Knospenschalen aufspringen
Hehre Wogendüfte rauschend durchdringen
Die laue Luft. Verzückt der Abendstern erwacht

Nur in der Nacht, hauchzart erlesen
Schwingend, kokettiert sie mit den Mondesstrahlen
Hände faltend selbst die stolzen Rosen
Vor dieser Zauberblume auf die Knie fallen

Beim Tagesanbruch entblättert sich die Pracht
Das Blumenleben in die Frucht zerrinnt
Im Inneren sie blutet lind
Der Samen lebt und wird erneut erblühen
Vergnügt – im Schoße einer lauen Nacht


*Petruta Ritter*

**Brief für die Nachwelt**

Mit unermesslich großer Kraft der Urknallwehen
Das Universum wurde einst geboren
Wenn es zur Ruhe kam, nach dem Geschehen
Die Schöpfung der Planeten hatte sich eingeschworen

Aus dem Urbild unbekannter Ahnen
Eine geballte Macht auf Ewig ungeteilt
Entstieg – und ihre Kräfte in wohlgelenkte Bahnen
Durchlief das Himmelreich dem Sieg geweiht

Nach dem errungenen Siege auf Geheiß
Der hohen Macht – erst später Gott genannt –
Mit Geschicklichkeit und mühevollem Fleiß
Aus tausend Trümmern ein Riesenbau entstand

Die Zeit verflog, der Bau bekam Gestalt
Gespickt mit Schönheit, unschätzbarer Wert
Frei von jedem Zeichen der Gewalt
Mit Status Ewigkeit beschert

Von seinem Schaffen überzeugt, Herrgott
Sinnend „namenlos kann mein Projekt nicht sein
Wie soll ich nennen diesen schönen Ort?"
Und bald fiel ihm der Name „Erde" ein

Von seinem hohen Thron sah er herab
Und stellte fest, dass etwas fehlte noch
Die Erde war ein schön geschmücktes Grab
Wo ungehindert, totes Laster kroch

Dann sprach der Schöpfer: „Es muss etwas geschehen
Die Erde muss sich drehen, Gewand der Freude tragen"
Mit einem Hauch von Leben er ließ sein Werk umwehen
Im Glück, der Erde Herz fing an zu schlagen

Bald begann ein Wettkampf auf dem jungen Land
Riesen-Wälder ragten bis zu Himmelsfluren
Meereswogen wütend, zermahlten Stein zu Sand
Feuer, Licht und Wärme sich bahnten ihre Spuren

Durch geheime Nischen, die überall verstreut
Sich mit der Erde drehend im Lauf der Ewigkeiten
Da alles lief nach Plan, der Schöpfer höchst erfreut
Beschloss er segnend die Jahreszeiten

Es fehlte zur Vollendung noch die Krone
Umgehend schrieb er auf die Liste einen Vermerk
Sich fragend, sah er herab von seinem hohen Thron:
„Wer soll verwalten dieses edle Werk?"

Mit Forscherdrang und funkelndem Verstand
Erschuf Herrgott den Mensch mit allen Sinnen
Gab ihm Vollmacht über das ganze Land
Und Geist, sich auf seine Aufgabe zu besinnen

Gute Taten sollen ihn stets umkränzen
Der Welt mit seinem Wirken Glanz und Würde geben
In dem Bewusstsein: seine Macht hat Grenzen
Sein Dasein eng verknüpft ist mit dem Sterben

In seinem Drang, in seiner Eitelkeit
Von uferlosen Trieben blind gelenkt
Vergaß der Mensch des Himmels Gottheit
Die ihm ein kleines Paradies geschenkt

Welch sanft durchflutet vom warmen Sonnenlicht
Ein Zwerg im Weltall, doch angehaucht mit Leben
Seine Schönheit war der Menschen Pflicht
Sie zu bewahren, und weiter zu vererben.

Die Gier nach Reichtum und Macht
Still wie eine heimliche Verschwörung
Auf der ganzen Erde noch unversehrte Pracht
Entstanden tiefe Wunden der Zerstörung

Rücksichtslose Ausbeutung der Natur
Kriegsgrauen, verschmutzte Luft, vermehrtes Leid
„Allmächtiger", unweigerlich ich frag mich nur
„Ist das die Krönung, die du einst gemeint?

Ob du deine Entscheidung nicht bereust?!
Oder du überlässt dem Mensch die Selbstvernichtung?
Dein Herz an einem anderen Ort des Alls erfreut?
Den Blick lenkst du in eine neue Richtung?"

Als Menschenfreund geboren habe ich
In meinen jungen Jahren viel gelacht
Doch Schandtaten der Menschheit haben mich
Nach und nach zum Misanthrop gemacht

*Petruta Ritter*

**Einem verehrten Dichter**

Wenn ich in deinen Werken lese
Aus jedem Blatt schwillt Schmerz empor
Es ist als ob aus dem Jenseits deine Stimme
Wie schwerer Orgelklang erreicht mein Ohr

Die Dichtungsschönheit zauberhaft hast du
Für die Nachwelt festgehalten, immerdar
Im Herzen ein Romantiker, Zeit deines Lebens
Im Geiste ein Genie, der unvergleichbar

Als Suchender, von Sehnsüchten getrieben
Dein Dichtergruß, wo du auch immer schrittest
Erhallte herzberührend, leidenschaftlich
Wie tief in deiner Seele du littest

Dein schöpferischer Geist, nach Schaffen dürstend
Hat die Menschenträume festgehalten
Mit Feinstgefühl in Poesie verwandelt
Von Frömmigkeit umhaucht für ewige Zeiten

Du warst bestrebt in deinem kurzen Leben
Nach der reinen Liebe, nach Gerechtigkeit
Jeder Mensch in Freiheit sein Dasein zu gestalten
Der Erde Reichtum gerecht geteilt

Empört sahst du die präpotente Klasse
Wie sie das Volk zum Untertan sich machte
Im Rausch der Macht, im Wohlstand und Genusse
Jeden Tag sie feierte und lachte

Enttäuscht du schriebst deine Gedanken nieder
Bemüht, aus Damals nichts zu übersehen
Die scharfe Ironie in deinen Zeilen
Wird weiterhin Epochen überstehen

Dein Tod, der es viel zu eilig hatte
Hat dich der Welt auf die gemeinste Art entrissen
Verarmt, im Geist umnachtet, in einem Irrenhaus
An den Gedanken, mir die Tränen strömend fließen

Die Leere ist geblieben, auch jetzt nach vielen Jahren
Deine Ausdruckstiefe gelang keinem Poet
In der rumänischen Literatur sie zu übertreffen
So tragen deine Werke weiterhin unangefochten
Die höchste dichterische Souveränität


*Petruta Ritter*

**Lauf der Welle**

Welle auf Welle
In schäumender Helle
Hallend sie rollen
Durch Kiesel und Algen
Gepeitscht und geschlagen
Zuckend sie schnellen

Von Schauern durchdrungen
In rhythmischen Schwüngen
Nacheinander gereiht
In ewiger Regung
Von dämonischer Prägung
Den Stürmen geweiht

Sie fallen und steigen
Ein Drängen und Jagen
Ein süchtiges Spiel
Ihr Wellen, nehmt mit auf die Reise
Auf eure Weise
Mein wehes Gefühl

*Petruta Ritter*

**Das kleine Haus**

Was ist aus dir geworden, kleines Haus?
Wo ich so oft als Kind ging ein und aus
Du meine ferne Heimat, wohin ich auch gehe
Begleitet mich im Herzen deine vertraute Nähe

Wo blieb der schöne Garten, der meine Zuflucht war?
Still meine Jugendträume barg einst Jahr für Jahr
Wie fern bist Du, o Kindheit, wie trübe deine Welt
Erinnerung von Damals, am Saum der Zeit zerschellt

Und bleibt konturenlos hinter versperrter Tür.
Die Zeit, ach wie vergänglich, verwirrt ich staune nur
Warum mein Ich so klammert, wenn alles flüchtig ist
Du arg zerrissene Seele, ein Knecht des Leids du bist


*Petruta Ritter*

**Meiner Mutter**

Ich weiß Mutter, wie oft nach mir gerufen
Hast du, verzweifelt in deinem Todesschmerz
Ich hörte es nicht, so nahmst du mit ins Grabe
Die Sehnsucht nach dem Kind, und ein gebrochenes Herz
Die Qual der Reue flammt und brennt in mir
Nichts tröstet mich, die Schmerzen wachsen munter
Noch lebe ich auf Erden, du im Himmel
Doch irgendwann, ich komme zu dir, Mutter

Und glaube mir, es wird ein Seeelenfest
Ich hab dir eine Menge zu erzählen
Seit ich verlassen hab das mütterliche Nest
Mein Schmerz wird dann an Mutterkraft zerschellen

*Petruta Ritter*

**Einsamkeit komm mit**

Hat die Einsamkeit bei mir
Einen Dauersitz gefunden?
Oder will sie sich erkunden
Ob ich billige ein „Wir"
Eine Einsamkeit mit ihr
Um meine Seele zu gesunden

Ich frag nicht viel, will nichts verstehen
Wenn auch auf die verfluchte Weite
Unglück ruft an ihrer Seite
Ganz egal ob falsch, ob richtig
Stille Einsamkeit macht süchtig
Einsam will ich weiter gehen

Dort wo Regenbögen prangen
Wo ein Ende hat das Suchen
Wo kein Neid und kein Verfluchen
Sehnsucht findet ihre Ruh
Bist mit ihr auf du und du
Keine Not gibt`s zu beklagen

Einsamkeit, bring mich ans Ziel
Meinst Du, ich verlang zu viel?
Freundin, auch dir sei gewiss
Du darfst mit ins Paradies

*Petruta Ritter*

**Deine Berührung**

Deine Berührung, einst war meine Seelenglut
Ich trank aus deinem Atem des Lebens frische Frucht
Doch irgendwann die Stimmung kippte um
Ich war verwirrt und wusste nicht warum

Einst war dein Bild in mir tief eingebrannt
Ich lag im Glück, weil ich dich fand
Doch eines Tages – ich sah dein Bild nicht mehr
Es verlor sich in dem Lebensmeer

Mir rannte plötzlich auf der Hand
Ein Abschiedstränchen, das ich dir sandt
Durch den Wind mit einem kühlen Kuss
Im Morgengrau, als letzter Abschiedsgruß

Jüngst eine Ahnung brach meine Einsamkeit
Und ich suchte zaghaft nach verlorener Zeit
Doch sie lag leblos hinter verschlossenen Toren
Dir sei gesagt, mein Herz, vorbei ist gleich verloren

*Petruta Ritter*

**Es wird schon werden**

Auf dem erdenweichen Bett alleine liegen
Einatmen tief den Staubduft im Stillen
Während die Birkenäste wie im Tanz sich biegen
Und über dir die Wolken mit dem Himmel spielen

Deine Gedanken schweifen durch das Land der Träume
Leidend sehnst du dich – nach wem? – Du weist es nicht
Des Windes Atem schlummert in zartbegrünten Bäumen
Im Geiste spinnst du schweigend ein weinendes Gedicht

Und schickst es mit den Tränen durch die Himmelswelt
Stark hoffend, dass die Zeiten sich doch wenden
Das Herz und Seele im Gleichgewicht hält
Und denkst im Stillen – ach, es wird schon werden!


*Petruta Ritter*

**Du weinst…**

Aus Irgendwo ein dumpfes Schallen
Kommt dir zu Ohr, doch rings umher
Das weite Land ist menschenleer
Du siehst nur die Blätter fallen

Aus ihrem toten Flug zur Erde
Wird ein neuer Schmerz geboren
Das alte Glück geht leis` verloren
Im Dauerkreis der Zeitenwende

Die Tage gehen blind und stumm
Unaufhaltsam Schritt für Schritt
Mit dieser Welle schwimmst du mit
Du weinst und weißt nicht warum

*Petruta Ritter*

**Stiller Zeitbericht**

Ein Sommerwind trägt mein Gedicht
Den Menschenohren zu
Und trägt es weiter in das Licht
Wo alles bleibt und Nichts zerbricht
Dort findet es die Ruh`

Ich schreibe und ich frage nicht
Ob`s Sinn hat, was ich tu
Ich schreibe leichtverständlich, schlicht
was mich bewegt aus meiner Sicht
mein Wort winkt jedem zu

Erzählt von Liebe, Trennung, Leid –
Ein stiller Zeitbericht
Manch seiner Seiten liegen weit
Zurück in meiner Jugendzeit
Verstaubt im fahlen Licht

Die Anderen, noch frisch sie sind
Lebendig, wund und wahr
Und immerzu mein Lebenslied
Wird gleiten mit dem leichten Wind
Durch Tag und Jahr

Mein Zeitbericht wird irgendwann
Die letzte Seite binden
Getrost aus meinen Herzgefilden
Wird auch das letzte Lied entschwinden
In Frieden

*Petruta Ritter*

**Das Flugzeug**

Am Himmel ein Flugzeug eilt unbeirrt
Irgendwo zu einem entlegenen Ort
Wer weiß schon wie oft flog es dort
Wo der Mensch sich in Träumen verliert
Ausgehungert nach Sonne und Meer
Die Sehnsucht nach Urlaub zu stillen
Freier zu leben nach eigenem Willen
Ohne Computer, den Kopf pflichtenleer

Den Blick nach dem Flugzeug – in der Wiese ich sitz
Und verfolge seine weiße Spur
Ein Riss in dem Himmel, eine geflochtene Schnur
Die mit den Wolken verschmilzt

Hinter mir der Birke üppiges Kleid
Von Wärme umsäumt – in den Lüften sich wiegt
Eintönig – ihr Rascheln Geheimnisse birgt
Aus längst entschwundener Zeit

Eine Amsel vergnügt schwirrt ohne Sorgen
Ihre schrillen Lieder aus Freude und Lust
Noch ist sie ihrer Freiheit bewusst
Noch keine Nachwuchs hat sie zu versorgen

Am Rande des Weges – Vergissmeinnicht
Schwelgt in Blau – die Farbe bekam sie vom Himmel
Ich pflücke die Worte für ein Gedicht
Die mir begegnen mit leisem Gemurmel

*Petruta Ritter*

**Einen Traum**

Einen Traum hatte ich heute Nacht
In fröhlicher Stimmung erwacht
Zielgerichtet ging ich in das Zimmer daneben
In der Einbildung – ich beherrsche mein Leben
Im Computer ein Schreiben von ihm wolt´ ich lesen
Vergeblich – es ist nicht so gewesen
Versprechenbrüchig mein Traum – wollte ich ihm entkommen
Doch er hat mir mein Misstrauen gleich genommen
Mir flüsternd ins Ohr – der Tag fängt gerade an
Mit einem Mal Nachschauen ist es nicht abgetan
Ich gehorchte vertrauensblind
Wie ein artiges Kind
Und schaute mehrere Mahle am Tag
In den Computer, der noch immer Nachrichten karg
Fasst dass er sich entschuldigen wollte
Und wenn es nicht heute sein sollte
Was mein Traum versprach – von Hoffnung getrieben
Das spannende Spiel – auf Morgen verschieben

*Petruta Ritter*

**Die Wanduhr**

In der Dauer einer schönen Sekunde
Noch halb im Schlaf in der Stille der Nacht
Schritte sich nähern, den Zwängen entwunden
Unsagbares Glück in meinem Herzen erwacht

Beglückt ich trinke sein Kommen im Schweigen
Doch horch – der Klang einer Uhr stört den Traum
Meine Blicke plötzlich trübe sich zeigen
Täuschende Schatten durchqueren den Raum

Uhr an der Wand, mit deinem erbitterten Klagen
Musst du mir auch die Träume erschlagen?


*Petruta Ritter*

**Das Geheimnis Leben**

Von welchem Himmelschoss kommst du mein Leben?
Von welcher Kraft wirst du gelenkt?
Als dein Sklave, suchend und nicht findend
Bin ich – warum mein Herz an dir so hängt

Aus welchem Stern mein Leben du entstammst?
So rätselhaft – du liebst gleichviel das Dunkel wie das Licht
Obwohl von Anbeginn in meiner Seele wohnst
Warum ist mir verschleiert dein Gesicht?

Lass mich wissen wohin der Weg mich führt
Gib dem Gedächtnis, was ihm der Schlaf *verbannt*
Schenk mir noch Zeit, mein Freund, um zu vollenden
Was ich begann, noch eh ich betret` ein fremdes Land

*Petruta Ritter*

**Vorbei...**

Vorbei des Leben viel versprechenden Glücks
An dem, als reife Frau ich daran glaubte
Ein Orkan raste plötzlich durch mein Herz
Und mir die größte Hoffnung raubte

Es friert mich in dem leeren Zimmer
Die Schmerzens Klage durch die Wände hallt
Meinen Atem in der kalten Luft ich sehe
Noch lebt mein Laib wenn auch Marmor kalt

Einen Hauch von Wärme sucht mein Ich untröstlich
Erschöpft im Raum irrend ohne Halt
Die Flut der Tränen verschleiern meine Augen
Um mich die Welt ist öd und kalt

Unaufhaltsam die Gedanken schwirren
Durch meinen müden Geist, Gnadenlos
Komm, oh du schlaf und schenk mir deine Träume
Lass mich den Frieden finden auf deinem Schoß

Zu Boden kniend laut im Winde knarren
Die alten Bäume schwankend hin und her
In Düsternis der Nacht die Regentropfen
Auf den Hausdächern lasten schwer

Im Kamin erlöscht die letzte Funke
Allein im Zimmer, ich Opfer meiner Schwächen
Hilflos zu sehen wie meine großen Pläne
Als nichts gewesen – in Nichts zusammenbrechen

*Petruta Ritter*

**Freundin Muse**

Der Tag hat seine Augen zu gemacht
Im dunklem Schatten wie klein die Häuser sind
Am grünen Hang entschlief der Wind
Gezähmt von traumschwerer Sommernacht

Du bist noch wach in deiner Einsamkeit
Und denkst an längst versunkenen, schönen Tagen
Das müde Herz hört nicht mehr auf zu klagen
Wie arg die Sehnsucht nagt nach verlorener Jugendzeit

Du blickst hinauf in die blaue Nacht
Enttäuscht und Liebe leer, verarmt im Hoffen
Von ihm getrennt noch immer tief betroffen
Der Schlaf bleibt fern von dir die ganze Nacht

Doch horch von oben eine Stimme hallt
Ihr milder Klang die Stille unterbricht
Deren vertrauten Ton erkennst du bald
Ach, Freundin Muse, du bist mein Herzenslicht

Du machst mir Mut, ein weißes Blatt zu füllen
Mit Sätzen, die durch den Geiste wandern
Die Seele zu befreien von quellenden Gefühlen
So rette ich mich von einem Tag zum anderen

*Petruta Ritter*

**Ich pflücke ein Gedicht**

Ich pflücke schweigend ein Gedicht
Aus des Herbstes fahlem Licht
Aus seinen milden Tagen
Aus dem satten Duft der Blumen
Aus dem müden Bienensummen
Und aus des Laubes Klagen

Ich pflücke ein Gedicht aus Feldes Gaben
Aus der Gartenfrucht und aus dem Ruf der Raben
Auch aus der Einsamkeit
Und lass es auf meine Sinne wirken
Getrost im süßen Traum versinken
So entkomme ich der rauen Lebenszeit


*Petruta Ritter*

**Jugendliebe**

Damals, es ist sehr lange her
War ich jung und unsterblich verliebt
Mein Geist, erinnerungsschwer
Dieser süßen Nostalgie sich ergibt

In den vergilbten Seiten eines Buches
Fand ich geschrieben mit blauer Tinte
Einen Brief – als Zeuge meiner vergessenen Liebe
Der als Lesezeichen mir einmal diente

Ich will nicht wissen, was aus ihm geworden
In den verstaubten Bildern der vergangenen Zeit
Lasse ich ihn leben im Zauber der Jugend
So nah bei mir und doch unendlich weit

*Petruta Ritter*

**Mittagsstille**

Verstummt und träge in der Mittagsstille
Hat sich der Tag zur Ruhe hingelegt
Der Wald am Fluss kein Blatt bewegt
Der Heide keine Wolke spendet Kühle

Grauer Dunst über das bunte Feld
Schweigend zieht er seine dumpfe Last
Der nach und nach das ganze Tal erfasst
Der Erde Herzensschlag sich ruhig hält

Entbinde dich auch du von Schmerz und Pflicht
Und wende dein Gesicht zur Sonne hin
Und du wirst spüren wie viel Glück liegt drin
In dieser Kraft von Wärme und von Licht

Des Lebens freuen, komm gib mir deine Hand
Lass uns vergessen die leiderfüllte Zeit
Es ist erst Mittag, und die Nacht liegt weit
Schau wie verlockend ruft am Fluss der Sand

*Petruta Ritter*

**Ich kenn dich nicht**

Wie du aussiehst… ich weiß es nicht
Wie denn? Ich hab dich nie gesehen?
Und doch in meinem Leben wird bald etwas geschehen
Ich sehe durch die Zeit das ferne Licht

Dein helles Kommen leuchtet mir entgegen.
Wenn du mein Haus betrittst, es wird ein Fest
Ich ahne schon, der letzte Sehnsuchtsrest
Murrend wird sich von mir fortbewegen

Wir werden uns ein Nest der Wärme bauen
In der Sommernacht dieselben Sterne schauen
Durch die bunten Wiesen zu Zweit gehen
Im Liebesschmerz zu Zweit vergehen

Wie rätselhaft vertraut erscheinst du mir
Wie ein süße Regung ich deine Nähe spür.
In meinem Leben wird bald etwas geschehen
Ich weiß, auf des Glückes Pfad mit dir ich werde gehen

*Petruta Ritter*

**Auftrag**

Es ist wie ein Auftrag aus zurückliegender Welt
Den mir das Leben zu erfüllen gestellt
Träume, die ungeträumt blieben – einmal
Irrend durch das pulsierende All

Auf der Suche nach geeignetem Instrument
In dessen Saiten Funke der Liebe brennt
Und bewegt sein will auch von meiner Hand
Durch geschriebene Worte aus meinem Verstand

Von Fern her leise erreichen mich
Klänge der Sehnsucht, die fast mütterlich
Mein Herz süß berühren und machen mir Mut
Und das Verlangen zu Schreiben erglüht

Doch die Sprache macht es mir nicht immer leicht
Manches passende Wort mich mühsam erreicht
Mein Deutsch hat nicht den Muttersprachenrang
Und dennoch, diese Sprache ist mein schönster Gesang

*Petruta Ritter*

**Neues Jahr**

Junges neues Jahr soeben
Bist du geboren in dunkler Nacht
Was hast du uns mitgebracht
Auf dem Weg ins neue Leben?

Bringst du hoffnungslosen Herzen
Etwas Glück in diesem Jahr?
Wirst du lindern manche Schmerzen
Und uns schützen vor Gefahr?

Alles, was unter deinem Schleier
Sich verbirgt wir tragen mit
Wie schon in den vielen Jahren
Nur der Mutige gewinnt

Rückwärts denken, bange Worte
Löschen keine Ängste aus
Komm mein Freund durch offene Türe
Neues Jahr in meinem Haus

*Petruta Ritter*

## Zu Zweit

Der Herbst hält Einzug übers weite Land
Die Gartenfrucht gereift löst sich vom Ast
Vertrauensvoll ich reiche dir die Hand
In Dankbarkeit für das, was du geschenkt mir hast

Auf des Herbstes Spur zu Zweit zu gehen
Auf einen neuen Weg, wenn noch so weit
Wenn wieder Hoffnung keimt in unseren Herzen
Auf spätem Weg wir gehen froh zu zweit

Noch gibt der Herbst uns gütig sanfte Wärme
Ringsum das Land schläft friedlich wie ein Kind
Die grauen Wolken gleiten über Hügel
Lautlos getragen von müd` gewordenem Wind

Verwaist der Himmel ist, seitdem die Schwalben
In ihre zweite Heimat fort geflogen
Der buntgefärbte Wald hält noch die Kälte
In seinem dichten Laub verborgen

Wie viele Stunden sind wir schon gegangen
Du blickst mich an und sagst: „Wie schön du bist"
Beglückt vom Zauberschein der Abendbrände
Wir schauen, wie der Tag die Tore schließt

*Petruta Ritter*

**Zauber einer Frühlingsnacht**

Du atmest tief, im süßen Schlaf gefangen
Der Hast gewichen du träumst die heile Welt
Die Gartenblumen im Schein des Mondes prangen
Farbenprächtig wie Bilder dargestellt

Wie viele Stunden bin ich wach geblieben?!
Du machst die Augen auf und siehst mich an
Vertraute Morgenröte hat die Nacht vertrieben
Wie schön beginnt der Tag, du liebster Mann

Des Himmels Brand schon bald auf Wolkensäumen
Zerrinnt ins unbekannte Land
Die Amseln singen in frisch ergrünten Bäumen
Noch halb im Schlaf du suchst nach meiner Hand

Über dem Berg zum Tal der Wind erwacht
Kommt sanft zu mir als wolle er mir sagen
Wie viele Zaubereien lagen
In der Nacht, die ich mit dir verbracht

*Petruta Ritter*

**Kamillenblüte**

Eine Kamillenblüte entnahm ich der Wiese
Etwas verlegen – ein gelber Falter daneben
Schaute mich an, als wollte er sagen
„Du hast dich der Traurigkeit hingegeben"

Die Blütenblätter fing ich an zu entfernen
Leise murmelnd den Zauberspruch
„liebt er mich, liebt er mich nicht
Welches Blatt bleibt am Ende, die Liebe – der Fluch"

Nach der Hälfte der Zählung verließ mich der Mut
Ich zählte nicht weiter, die Angst schlich sich ein
Dass das, was ich erhoffte zu wissen
Konnte nicht nach meinem Wunsch sein

Ohne ein Wort verließ ich den Platz
Zurück blieb die halb entblätterte Kamillenblüte
Und ging durch das Feld der Hoffnung entgegen
Der Wind blies daher einen Hauch von Güte

Vielleicht liebt er mich doch. Der Tag rinnt dahin
In der Junisonne – vom Zeitstrom getrieben
Von seinen Wellen lies ich mich heben
Zu einem neuen Aufschwung noch einmal zu lieben

*Petruta Ritter*

**Die Gedanken**

Die Gedanken bleiben still
Schweigend ich will
Nach dir rufen
Der Raum ist leer
So wie auch meine Seele leer ist
Und ich weiß nicht, wo du bist
Ich kränke mich sehr
Im Dunkel der Nacht
Die Melancholie durch die Wände schreit
Meinen Kummer hinaus
In die Welt – mein Leben – ein Chaos
Mit ihrer Eiseskälte, die Einsamkeit
Treibt mich zum Wahnsinn
Gnadenlos – hat mein Leben noch Sinn?!
Ohne dich?!
Mein Blut stockt in den Adern
Mich schaudert, ich find` keine Ruh`
Komm – mit deinem wärmenden Hauch
Decke mich zu
Lass mich nicht verzweifeln, mich hilfloses Wesen
Mein Herz kann nur in deinen Armen genesen
Wirst du meine stummen Rufe erhören?
Die Hoffnung noch habe ich nicht verloren

*Petruta Ritter*

**Herbstankündigung**

Ein leises Stöhnen aus des Berges Höhe
Auf Wolkenflügeln gleitet leicht zum Tal
Aus seinem Ton vernimmst du ein Gefühl der Reue
Du hörst des Laubes Weinen herber Schall
Der Herbst kehrt ein wie jedes Jahr auf`s Neue
Wie leer geworden ist des Himmels blauer Saal

Schon bald der kühle Nebel übers Land
Wird grauen, feuchten Schleier ausbreiten.
Das Feld mit seiner kalten Hand
Wird sich das Ruhebett bereiten
Umhüllt im dunklen Gewand
Bewahrt es seine Träume aus den Sommerzeiten


*Petruta Ritter*

**Schenk mir die Ruh**

Oh Nacht, du sternenlose
Von Sehnsucht mich erlöse
Schenk mir die Ruh

Lass nicht mein Herz verbluten
In durstenden Lebensfluten
Deck mich mit Hoffnung zu

*Petruta Ritter*

**Herbstmelancholie**

Einsam steht die alte Buche auf dem langgezogenen Feld
Ihre Zweige sommermüde wiegen sich vom Wind bewegt
Hörst du nun wie leises Raunen, stöhnend durch die Lüfte geht
Ohne Ziel. Am Hang das Gras in der Abendstille weht

Auf der braungebrannten Erde nur vereinzelt eine Blume
Öffnet sich – vom hohen Berge hallt zum Tal Spätherbstes Stimme
Ach, noch nie warst du mein Herz, so schmerzlich in deinem Fühlen
Bis ins Innere durchflutet von schwermütigen Gefühlen

Nun verstummt sind Vogellieder und die Erde ruht am Grunde
In der kargen Sommerwärme es beglückt uns jede Stunde
Einsam mit verklärten Blicken schaust du wie vergilbtes Laub
Zögernd fällt auf feuchte Erde um zu enden in dem Staub

Doch manchmal um uns der Garten, wenn auch versehrt in seiner Pracht
Bevor er ins Versinken gleitet, verstohlen uns entgegen lacht
Und lässt ein bisschen Wärme strömen durch seine wohltuenden Hände
Wie schön es wär wenn dieser Zauber auch den Weg zu dir er fände

*Heidi Axel*

**Die moderne Suffragette**

Echte Frauen haben Kurven
Echte Frauen, die sind stark
Echte Frauen lieben Kuchen
Echte Fraun sind manchmal hart.

Echte Frauen packen an
Echte Fraun stehn ihren Mann
Echte Fraun sind nicht aus Holz
Echte Fraun sind voller Stolz

Echte Frauen fahren Auto
Echte Fraun auch Motorrad
Echte Fraun sind auch mal traurig
Echte Fraun drehn auch am Rad

Darum raus mit euch ihr Frauen
zeigt, wie selbstbewusst ihr seid
Zieht euch an, wie eine Lady
denn der Himmel ist noch weit.

Zeigt, der Welt, dass ihr euch annehmt
jede so, so wie sie ist.
Dann ist jeder Tag der Beste
dann sind wir Weiber Optimist!

*Heidi Axel*

**Fragen, Fragen, Fragen**

Herr da oben, du im Himmel!
Warum ist manch Mann ein Lümmel?
Manche Frau ist grottenschlecht?
Dünkt sich aber, sie hat recht!
Warum ist die Erde rund?
Und ist kiffen ungesund?
Kann man fliegen bis zum Mars?
Wird die Hose auch nicht nass
wenn ich mich mal sehr erschrecke?
Was ist eine runde Ecke?
Warum kann nicht jeder singen?
Warum kann ichs nicht erzwingen
dass ich Fußball spielen kann?
Warum fängt das Alphabet immer mit dem A neu an?
Warum saufen meine Nachbarn
und es ändert nichts daran
dass sie gehn in Therapie
saufen weiter, wie noch nie.
Warum habt ihr zugelassen
dass es Neid und Morde gibt?
Konntet ihr das nicht verhindern
wenn es euch da oben gibt?
Ihr habt viele, viele Namen
Gott, Allah und Manitu
Krischna, Budda und auch Zeus
ich lass euch jetzt nicht in Ruh!
Welcher Name ist denn wichtig?
Welcher Name ist denn richtig?
Warum müssen Menschen streiten
über einen, ihren Gott?
Kann nicht jeder einen lieben
jeder da an seinem Ort?
Sind im Namen dieser Götter
nicht schon viele umgebracht?
Götter aller Herren Länder!
Schämt euch, nichts habt ihr vollbracht!

*Heidi Axel*

**Ich liebe glückliche Tage**

Glückliche Tage gibt es viele
Doch was ist ein glücklicher Tag?
Es sind die Tage an denen wir sagen:
„Es ging mir gut. Er war so, wie ich es mag!"
Diese Tage sollten uns leiten
sollten uns immer ein Vorbild sein.
Sich selber aufzurichten
und zu sagen: „Die Freude ist mein!"
Habe ruhig das Münchhausen-Syndrom
zieh dich am Zopf aus dem Dreck.
Lege die modischste Kleidung an.
Komm heraus aus deinem Versteck.
Gehe aufrecht, sei freundlich
lächle und denk:
„Wer mich jetzt will ärgern
der kann mich mal.
Der kriegt auch nichts vom Leben geschenkt."


*Heidi Axel*

**Die zehn Gebote der Neuzeit**

1. Jeder hat im Leben, schon einmal Ausreden gebraucht.
Das macht man mal so eben,
wenn schnell die Wahrheit wird missbraucht.
2. Ich bin nicht dick, das bin ich nicht,
ich hab nur sehr viel Platz.
Viel gute Ströme sind in mir,
die brauchen eben das!
3. „Ich hab noch nie gestohlen!"
So sprach ein Dieb gar schnell
Ich hab mir nur etwas geborgt
Das ist doch echt reell.

4. Ich bin der treuste Mann der Welt
Das fremd gehn ich nicht mag.
Jedoch seh ich ne klasse Frau
das rettet mir den Tag!
5. Zwei Frauen tratschen wild drauf los,
sie reden über jeden.
Jedoch spricht einer über sie
dann könnten sie gleich töten.
6. Was hat der Nachbar sich gekauft?
Wohin fliegt er im Sommer?
Der Neid, der frisst so manchen auf.
Da grollt im Bauch der Donner!
7. Es heißt du sollst den Andern achten!
Egal in welcher Haut er wohnt.
Egal ob er ne arme Sau ist
Nichts richtig kann, ist arbeitslos.
8. Manche Menschen wollen fliehen
Aus dem eignen Leben raus.
Nehmen dafür eine Droge
sperrn sich damit selber aus.
9. Jeder liebt heut seine Kinder
will das Beste für sie sehn.
Doch das Grenzen setzen und erziehen,
Das wird meistens übersehn.
10. Und das 10. der Gebote,
das gehört nur dir allein.
Du sollst dich lieben, achten, ehren
Du sollst mit dir im Reinen sein.

*Heidi Axel*

**Es lebe die Natur**

Es lebe die Natur
die gibt uns Ruhe pur.
Die Augen sehen gern
die Farben nah und fern.
Natur das heißt zu jeder Zeit
sich freuen an viel Grün.
Sich freuen an des Sommers Zeit
die Felder blühen sehn.
Dann kommt der Herbst
so bunt, so schön
die ganzen Farben wolln wir sehn.
In rot, orange und gelb und braun
man kann gar nicht genug hinschaun.
Dann kommt der Winter, wenn er kommt!
Mit Schnee, recht kalt und feucht.
Auch das ist für uns die Natur
ist Freude richtig pur.
Drum wollen wir uns auch bemühn
erhalten das Geblüht.
Ein jeder kann was dafür tun
wenn er sich nur bemüht.

*Heidi Axel*

**Gute Nacht!**

Der Abend küsst die Nacht.
Ganz leis, ganz still, ganz sacht.
Er deckt die Erde friedlich zu.
Schlaf gut! Ich küss dich immer zu!

Die Nacht, die lässt die Seele ruhn!
Lässt die Gedanken schlafen.
Der Kopf, er hat mal nichts zu tun.
Das Bett, das ist der Hafen!

Wir sammeln Kraft! Wir ruhen aus!
Der Körper, das ist unser Haus!
Er wird gestärkt, soll sich erholen.
Das Böse kann der Teufel holen!


*Thomas Glatz*

**Dieses Gedicht möchte nicht viel**

Dieses Gedicht möchte nicht viel.
Nur gelesen werden.
Noch Fragen?

*Marita Wilma Lasch*

## Hannibalduin

Nachbarn hatten einen sehr kleinen Teich.
Leider war er viel zu fischreich
oder vielleicht war das Futter verdorben –
jedenfalls sind plötzlich alle Fische gestorben.
Bis auf einen.
Und wir hatten noch keinen.
Vor unserem Blumenfenster war jedoch ein Gewässer,
da hätte es die übriggebliebene Goldorfe besser.
Zugesagt, getan.
Nun fing unsere Fischhaltung an.
Hannibal wollte mein Mann das Kerlchen nennen,
ich wollte ihn lieber als Balduin erkennen.
Eine Weile standen wir auf dem Schlauch,
aber man konnte ja die Namen verbinden auch:
Hanni-Bal-duin – damit waren wir beide zufrieden;
hergestellt war der Ehefrieden.
Hannibalduin und wir uns des Lebens freuten.
Doch eines Wintertags wir die Übernahme bereuten:
Hannibalduin war buchstäblich eingefroren,
beinahe hätte er das Leben verloren.
Der Hausherr hat ihn gehackt heraus.
Puh – Ei der Daus.
Wohin nun mit dem armen Vieh?
Da wir ohnehin badeten nie:
ab mit ihm in die vollgefüllte Wanne im Bad.
Nach einigen Tagen fand er's dort fad,
obwohl er bekam Luft für seine Kiem'
(eine Pumpe besorgten wir ihm).
Aber aus der Badewanne er eines Tages springt,
gleichzeitig er sich in Frauchens Seele singt.
Die macht gerade Mittagsschlaf,
aber just in time erwacht sie brav.
Ihr 7. Sinn zieht sie ins Bad.
So dreht sich Hannibalduins Schicksalsrad:
Zitternd, aber beherzt packt sie das zappelnde Wesen

und wirft es zurück ins Wasser – so, das ist's gewesen!
Hannibalduin hat sie nun nicht mehr geweckt,
denn die Wanne wurde danach überdeckt.
Bei beiden Ereignissen wurde Hannibalduin nicht verletzt
und als erster Bewohner in unseren Riesenteich eingesetzt.
Kürzlich habe ich gelesen,
was bei uns auch ist gewesen:
Die Fische haben uns als Genossen angenommen,
sind nicht nur beim Füttern herbei geschwommen.
Und übrigens – 's ist kaum zu fassen:
auch Streicheln haben sie teilweise zugelassen.

Mit Shubunkis und Kois lebte Hannibalduin viele Jahre noch.
Aber eines Tages verließ uns der „tolle Hecht" doch.
Er ging den Weg aller Kreatur.
Es bleibt mir die Erinnerung nur.
Die Sehnsucht nach einem neuen Fischteich ist groß.
Wie kann ich ihn finanzieren bloß?

*Marita Wilma Lasch*

**Ich, der Walfisch**

Seit Aristoteles wurden wir als Fische betrachtet und beschrieben.
Erst 1758 hat euer Wissenschaftler Carl von Linné dann erkannt,
dass wir fälschlich „Fisch" genannt.
Übrigens: monogam kaum welche von uns lieben.
o o o o o o o

Von außen habe ich mich dem Lebensraum Wasser angepasst,
habe keine Beine, sondern Flossen –
und zwar alle meine Artgenossen.
Folgende Unterschiede zu den Fischen wurden zusammengefasst:
o o o o o o o

Kiemen habe ich nicht, sondern Lungen.
Mein Nachwuchs wird nicht in Eiern geboren,
sondern wir haben immer lebende Babys erkoren.
Wir sind sehr gesellig – oft unsere Töne sind durchs Meer geklungen.
o o o o o o o

Wir haben weiterhin eine gleichbleibende Körpertemperatur.
Die Tiefsee jeder von uns meidet,
in oberen Wasserschichten unsereins weidet,
denn an der Oberfläche können wir atmen nur.
o o o o o o o

Viel könnte ich noch aufzählen über unsere Biologie, unser Wesen.
Aber die Kopfgeschichten will ich beenden.
Ich bitte, eure Aufmerksamkeit euren Herzen zuzuwenden.
Zum Beispiel ist im Bauch eines meiner Urahnen Jona gewesen
o o o o o o o

*Marita Wilma Lasch*

**Jonas Geschichte**

Sicher wird ein Fisch im neuen Teich Jona genannt.
Insofern dessen Geschichte ist nicht jedem bekannt,
soll sie hiermit wiedergegeben werden:

„Der Mann des Fisches" ist Jona im Koran*
Im Walfisch wir ihn aber vor allem in der Bibel sahn.
Als religiöse Lehrerzählung anerkannt
Hat sich der Prophet Jona im Alten Testament verrannt:
In vier Kapiteln berichtet die kleine Schrift,
wie sich in Jona sammelte Gift.
Er wurde von Gott nach Ninive geschickt, Strafe zu verkünden.
Die Chose tat aber in Begnadigung münden.
Bei der Flucht vor dem Auftrag Gottes in falscher Richtung
kam auf See ein gefährlicher Sturm auf: hier beginnt die Dichtung:
Als Verantwortlicher wird Jona geworfen ins Meer.
Da legt sich der Sturm, die Seeleute freuen sich sehr.
Die meisten bekennen sich nun zu Jehova, dem Herrn.
Das hören Jona und die Gottgläubigen gern.
In Kapitel 2 wird Jona im Meer von einem Walfisch verschlungen.
Punkt 1 des Plans ist damit gelungen.
Denn der betende Prophet wird vom Wal ausgespuckt –
da haben die Bürger von Ninive wohl erstaunt geguckt.
Nun soll Jona den Bürgern verkünden
die Strafen Gottes für ihre Sünden.
Gott aber begnadigt wie gesagt alle,
zeigt Mitleid mit ihnen in diesem Falle.
Das wiederum gefällt dem Jona nicht,
denn er erwartete Gottes Gericht.
Die mehrdeutigen Auslegungen überlasse ich Experten –
mögen sie die wunderbare Jona-Geschichte auswerten!

* Sure 21,87

*Marita Wilma Lasch*

## „Der Geist kann nicht im Trockenen wohnen."*
## Oder: Der neue Teich

Für Freunde ist's keine neue Kunde:
Das Verlassen des großen Teichs hinterließ bei ihr eine Wunde.
Ja – es hat ihn schon einmal – im Großformat – gegeben.
Er bedeutete und bedeutet für sie Leben.

Im Garten ihres Hauses stimmte sie froh eine Teichanlage.
Aber es fehlte das Geld zur Vitalisierung – so ihre Klage.
Nun aber muss es irgendwie gehen –
diesen Sommer wird man ihn endlich sehen.

Als Lebensspender und Lebenserhalter wird er angesehen,
in der Mythologie befördert er Wehen –
so kommen aus ihm Kinder auf die Welt
(und man muss achtgeben, dass keines hinein fällt!)

Da das Lebenswasser bleibt an einem Ort,
findet man auch Geborgenheit dort.
Als Grundsymbol aller unbewussten Energie
gilt er in der Tiefenpsychologie.

Nymphen, Undinen und Wassermänner
werden nicht darin wohnen.
Aber für Muscheln, Fische und Frösche soll es sich lohnen.
Im alten China waren Fische ein Symbol für Glück
und holten im Wasser sexuelle Freuden zurück.

Auch Pflanzen werden wachsen in dem neuen,
sollen Mensch und Tier erfreuen.
Er wird sein übersichtlich, aber artenreich,
der ersehnte neue Gartenteich.

Das künstlich angelegte Stillgewässer hält großen
Erholungswert bereit.

Ihn zu gestalten ist jetzt höchste Zeit.
Denn nicht sehr viel Zeit bleibt wohl für den Genuss –
Ganz zu schweigen von des Frosches Kuss.

*Zitat zugeschrieben: Aurelius Augustinus (354 – 430); Quelle: zitate.eu.

*Marita Wilma Lasch*

**Herbstimpressionen**

Huhu Huhu
Händeringend heizend
Hänsel und Hanna husten heiser
Hartmut heult herzzerreißend
Haucht hold
Hebt hellgrün herab
hundertfach hopsend
Hasen – Hallali
Hastet heftig
Hektisch herabfallend
Hellgelb honigfarben
Herrlich heilsam
Heute haushoch Haselnüsse
Hexentanz – Herberge
Herbstzeit – Lose
Himbeeren hinüber
Himmelblau hängend
Himmlisch hilfreich
Hindert Hitze
Hihi: Halloween
Hochgradig habgierig
Hochsommer hinweg
Höllisch heftig
Hotel Herbstmagie
Hundertprozentige Herbstfarben:
Hundertwasser – Farben

*Marita Wilma Lasch*

## HERBSTLICHES DANK-GRILLFEST BEI MIR

*(Samstag, 30. 09., ab 17 Uhr)*

*SPAISEN UNN GEDRÄNGE*

Sallade:
*Bonänsallad (puhnt)*
*Gaartofelsallad alla Puml*
*Krichischer Sallad (mit alem)*
*Noodlsallad naach art deß hauses*
*Teilandischer Sallad (mit Glassnudelln)*

*Datzu: Prot und Pröttchen*

*Fflaisch:*
*Bärner Würstly*
*Geflügell (Hun, Buude)*
*Gragauer*
*Mienie – Buhlätän*
*Nuerrnperger*
*Pratwurrscht*
*Steegs*

*Datzu: diwerse Sauzen*

Nachspaisen:
*Knaberzeugg*
*Waint-rauben*

*Gedränge:*
*Autofarrer – Bowwele*
*Pirr*
*Rohdwain (odr auk waisen)*
*Waaser (mid Minneraliänn)*

Anregung durch: Franz Fühmann: „Die dampfenden Hälse der Pferde im Turm von Babel"; Darmstadt 1984 (Luchterhand Literaturverlag); S. 28:
„Jens dachte an eine Speisekarte, die seine Mutter von einem Ausflugslokal einmal mitgebracht hatte. Damals gab es:

*Schildgrätensuppe*
*Rolladen mit Restkartoffeln*
*Thüringer Rostbrettl mit Packobst*
*Eispein mit mehr Rettich*
*Gedienstete Sehzunge*
*Wählfleisch mit Sau ergraut*
*Frühkasse vom Faß an*
*Lahmbraten mit Rammsoße*
*Mordateller*
*Kesse Stangen*
*Liebdauer*
*Kannenbert*

*Zum Nachttisch:*
*Klassierte Früchte*
*Ruhmkugeln*
*Nußeggen*
*Pissquitten*
*Erdbären frisch aus dem Wald*
*Diverse Schokolatten*

*Vier Kinder:*
*Grüßbrei*
*Reißbrei*
*Puhding*
*Höfekuchen"*

*Marita Wilma Lasch*

**Im Realkommunismus begraben:
Nordkoreas arme Marionetten**

Der Dokumentarfilm „Inside Nordkorea" lässt mich nicht los.
Wie kann ich ihn verarbeiten bloß?
Nicht länger kann ich es mit mir tragen –
ich muss meine Erschütterung einfach sagen.
Die Situationen waren vonseiten der Behörden total manipuliert,
wodurch der hervorragende Film jegliche Spontanität verliert.
Ein individuelles Leben gibt es nicht,
dem Staat zu dienen ist einzige Pflicht.
Freie Kommunikation mit der begleiteten Familie ist nicht erlaubt,
dem gestellten Dolmetscher wird lieber nicht geglaubt.
Die Protagonisten reden auch nicht miteinander.
Das Mädchen sichert ihrem Vater nur nach mehrmaligem Üben zu,
dass sie viel von der gesunden Nationalspeise esse im Nu.
Zum Beispiel wurde auch ein übervoller Tisch gedreht
während ein heimlicher Ladenbesucher vor leeren Regalen steht.
So täuschen getürkte Szenen Wirklichkeit vor.
In der Oper singt ein riesiger Führerlob-Chor.
Hass wird in der vorgeführten Unterrichtsstunde gelehrt
und andererseits wieder der Führer über alle Maßen geehrt.
Fürwahr – ich will es nicht verhehlen –
Der Führer will seinen Untertanen das Leben stehlen!
Er hat es offenbar nötig, sie geistig anzuketten,
auch, um sie vor ihren angeblichen Feinden zu retten.
Als solche werden Japaner und Amerikaner benannt,
als Schurken werden diese immer wieder erkannt.
Mit rotem Tuch werden hunderte Pioniere geschmückt.
Nur traurige Gesichter sind zu sehen: die Feier ist missglückt.
Ohn' Unterlass sprach vor den Pionieren auch ein Veteran,
den selbst der Zeremonienmeister kaum bremsen kann.
Höflichkeit war eingetrichtert worden gegenüber Alten.
Tapfer bemühen die Kinder sich, die Augen aufzuhalten.
Der Applaus ist in jedem Fall mit Steigerung eingeübt,
nur, wie gesagt, die Stimmung ist getrübt.
Auch als der Vater wird geehrt,

weil er dem Führer zum Geburtstag seine Tochter hat verehrt.
Dramaturgisch geschieht alles nach vielen Proben,
die Reporter sollen eine Textilfabrik voll „Uniformierter" loben.
Auch hier wurde die Applausstärke vorgeschrieben,
das Lächeln ist darüber auf der Strecke geblieben.
Stumme Frauen in langen bunten Gewändern tanzen.
Ganz gewiss kleben innen überall Wanzen.
Typische Einkind-Familien sich unter Riesenstatuen präsentieren;
Sie und andere sich unter den Monumenten wie Ameisen verlieren.
Zu funktionieren haben alle Akteure wie Maschinen.
Funktionszweck: dem hässlichen Führer zu dienen.
Wie Roboter gefühllos sie alle erscheinen.
Und doch sah man am Ende das achtjährige Mädchen weinen:
Einen Moment lang waren die Journalisten unbewacht.
Eine koreanisch sprechende Fotografin fragte sie da sacht,
was ein schöner Moment war in ihrem Leben.
Eine schwerere Frage konnte man ihr deutlich nicht geben.
Sie war so verunsichert, dass sie fing bitterlich zu weinen an,
weil sie offenbar diese Frage nicht beantworten kann.
Zum Trost wurde sie gebeten, ein Gedicht aufzusagen.
Das Herunterrasseln eines gereimten Führerlobs minderte ihre Plagen.
Warum nur hat das arme Mädchen geweint?
Weil Verstand und Gefühl waren nicht vereint?
Weil sie, die perfekt Programmierte, keine Antwort wusste
oder weil die Frage zielte unter ihre Kruste?
Es entstand der Wunsch, das Kind in den Arm zu nehmen,
es zu retten vor all seinen schrecklichen Problemen.
Aber dazu ist es offenbar nicht geboren,
hat zugunsten des Führers Freiheit und Freude verloren.

*Marita Wilma Lasch*

## D.T. (maskierter A.H.?)

Aggressor
Angeber
Angstmacher
Beleidiger
Betrüger
Blender
Clown
Depp
Egozentriker
Entertainer
Großmaul
Hassprediger
Hassschürer
Hetzer
Hexer
Hitzkopf
Hohlkopf
Ignorant
Kotzbrocken
Lügner
Macho
Mauerbauer
Menschenverachter
Mogul
Narziss
Nazi
Neurotiker
Opportunist
Prolet
Rassist
Rechtspopulist
Rüpel
Schauspieler
Schlawiner
Schlitzohr

Schwindler
Selbstüberschätzer
Sensibelchen
Sexist
Skandalnudel
Sprücheklopfer
Ultra-Konservativer
Ungebildeter
Verkäufer
Verleumder
Wortbrecher

*Felix Martin Gutermuth*

**Ein Fest**

Es ist ein Fest, wenn es kein Fest ist,
sondern die meisten nur müde gaffen

es ist ein Fest, wenn es kein Fest ist,
und die anderen nur müde sind

es ist ein Fest, wenn es kein Fest ist,
sondern die Kreise eines Krebses

es ist ein Fest, wenn es kein Fest ist,
nur eine weitere Ische, die man gefickt hat

es ist ein Fest, wenn es kein Fest ist;
denn einsam
hatte ich auch die Erkenntnis
dass ich kreativ war,
gesund, und mit Gedanken
an Anna
den Flohmarkt auch revolutionierte

ich war kein Bildermaler

*Felix Martin Gutermuth*

**Ein Messer für den Embryo**

wenn der Kaffee
das Kokain ersetzt
und man auch
ohne Drogen
das Leben
für Schaufenster
der Götter
an stillen Tagen
vorbeiziehen lässt

erwähnen
auch nur die
Franzosen
einen Mann
dessen Dasein
verflucht wurde

und für ein paar Euro
den Gedichten
eine Chance gaben

*Felix Martin Gutermuth*

**Flügelschlag**

wenn der Tod
dir ein alter Bekannter ist
und du als Dichter
auch nur
um die Ecke
mit einem Messer
der Angst
einen Brief schreibst
dann ist der dritte Stock
und das alte Bett
nur noch
für deine
gewachsenen
Flügel
und die Teufel
der du auch einer warst

ein paar Ficks
für eine Brücke

dieses Gedicht ist für mich
wie du für dich

Nora

ich denke
ich bin Dichter

und wenn ein Franzose
für den Frieden ist
hat der Krieg
Tolstoi nie gelesen

*Felix Martin Gutermuth*

## Über der Angst

wenn der Regen
auch ein Blatt
durch den Gullideckel
schwemmt
und die Peepshow
in der Nacht
ein paar Nutten
hat bezahlt

dann ist auch
der Schlaf
nur ein Sieg
für die Straßen
die immer
noch denken
das Goethe
der einzige
Dichter war

*Manuela Angelika Rapino*

**Mystik im Hause Württemberg**

Die schlanke Gestalt
mit den dunklen Locken
stand ihr deutlich gegenüber.
Die dunkelroten Rosen,
die er brachte
waren schön
wie ihr Antlitz.
Und wie sie seinen Namen
nicht einmal kannte
schmückte er ihr
das Haar.

*(erworbener Haarschmuck aus dem
Stuttgarter Antiquariat Schaible, Eberhardstraße)*


*Manuela Angelika Rapino*

**Der Handspiegel Stuttgarts**

In der Storchengasse
fand sich ein stattliches Palais
und neben der Flügeltür
lag ein Rabenteller:

*Magerquark mit Wasser
und flüssigem Süßstoff cremig verrühren
(Nachtisch)*

*Manuela Angelika Rapino*

**ad pastum accedere Kennedy**

Eines Nachts erschien
ein verwetterter Soldat
in der Gebärde einer Frau.
Im Triumph der Direktheit
erkannte man die politische Kultur
des Heldischen
und die Banalität
des Überlebens:

250g Weizenmehl
125g Margarine
5 Schnapsgläser Wasser
eine Prise Salz
*(Zutaten mischen, kneten und ausrollen,*
*in eine ca. 30cm Durchmesser*
*Backform aus Keramik legen)*
Tomatensoße
Oregano
Salz
2 Tomaten *(in Scheiben schneiden)*
2 Zwiebeln *(schälen und in*
*Scheiben schneiden)*
1 Mozzarella *(in Scheiben schneiden)*
*(Belag)*

*(ausbacken und in der Keramikbackform servieren)*

*Manuela Angelika Rapino*

**Conditio Tee**

Die Schlang`
war Lederstück
der Kunst und mir
mein Trunk:

*Lapachorinde mit
Rosenblätter in
heißem Wasser
ziehen lassen
und mit Süßstoff
süßen*


*Manuela Angelika Rapino*

**Die Einkehr**

Gibt es das denn,
die Heimkehr der Götter?
Denn nur der Dichter
ist Seher und Bote
himmlischer Macht:

Mehl
Salz
Wasser
*(zu einem Brei mischen
und in einer Pfanne
zu kleinen Omeletts
frittieren)*

*Manuela Angelika Rapino*

## Ein gewisser Herr Klein

Im alten Weinberghaus
blieb nur noch ein
Tabernakel aus Glas:

*Einfacher Rock mit Gummizug*


*Manuela Angelika Rapino*

## Buddenbrooks

Aus einem unbekannten Grund
huschten sie beide
den gleichen Weg.

*Puddingpulver aus dem Supermarkt*
*mit Magermilch und flüssigem Süßstoff*
*zubereiten; einen Süßstoffkeks pro*
*Nachtischschälchen mit Grappa*
*einweichen und mit der fertigen*
*Puddingcreme aufgießen*
*(Nachtisch)*

*Manuela Angelika Rapino*

**Der Flugtraum eines Hamburgers**

Die sexuelle Erfahrung
brachte ihr
den Totenschein
und einen niedrigen Blutdruck
für jeden ihrer part time lover.
Karl Marx sprach
dann nur noch
von Gruppenehe,
und dem einheitlichen
Musterbrötchen:

*Hamburgerbrötchen
in Scheiben schneiden und mit
Ramazotti verfeinern
(Nachtisch)*


*Manuela Angelika Rapino*

**Die Kuhhaut**

Die dunkelbraunen Augen
erhielten
die unbeschreibliche Gelegenheit,
auf dem französischen Gegenstand
zu ruhen.

*(dm Kondome aus der Packung)*

*Manuela Angelika Rapino*

**Ein letzter Augenblick**

Der Fremdling stand
im Schloßhof,
um die letzten Worte
des Kirschbäumleins
zu vergessen.
Diese Neigung genoß
die Abendsonne,
die auf ihrem
schönen Gesichte lag:

*Cremiger weißer*
*Joghurt mit flüssigem Süßstoff*
*cremig verrühren*
*(Nachtisch)*


*Manuela Angelika Rapino*

**in honorem adducere**

Die Reichspflege
war Ursprung
des Instruments
und mater dolorosa:

Verrucid Lösung (Anti-Warzen-Mittel)
Penaten Creme (aus der Dose)

*Erst die Verrucid-Lösung (Wirkstoff: Salicylsäure)*
*auf die Akne auftragen, danach die*
*Penaten Creme auf die*
*therapierte Hautstelle anwenden*
*(Anwendungsmethode)*

*Manuela Angelika Rapino*

**panis angelicus**

Die alten Götter kannten
das Heldische, die Soldaten
die Schwächen der Menschen.
Der Ausverkauf des Höfischen
ernannte man zur
mappa de mundo novo:

125g Magerquark
3EL Olivenöl
6EL Magermilch
1 Ei
1 Prise Salz
250g Weizenmehl
1 Päckchen Backpulver
*(Teig zu Brötchen formen und
ausbacken)*


*Manuela Angelika Rapino*

**Caecilia**

Amor kennt Psychens Schmerz
für Meerensherz,
Valerianens Terz.

*(1 Glas Sherry medium)*

*Manuela Angelika Rapino*

**Die süßen Waffeln der eisernen Formation**

Das Pilotenstück
der alten schmucken Uniform
war süß.
Die rechteckige Formation
kannte das Muster
der Rechtsgültigkeit
zur Linken:

100g Margarine
flüssiger Süßstoff
1 Ei
250g Mehl
1 Päckchen Backpulver
1/4l Wasser
*(Zutaten schaumig schlagen
und den Teig im Waffeleisen backen)*


*Manuela Angelika Rapino*

**vigilando ascendimus**

Gassenbuben wachten
im Gelehrtenturm Augustens,
und Prinzchen schlief
mit Augen zu und
Ernstens Netzen,
für Eisenachs erste
Lorbeerenverse:

*Spumante und Salatini*

*Manuela Angelika Rapino*

**Das Muschelgeld der
gräflichen Flußprinzessin**

Mit weißem Antlitz
erkannte die Unbekannte
die Klopffestigkeit
des Petroleums:

1. Penaten-Creme (aus der Dose) einmal am Tag auf das Gesicht und den Hals auftragen und mit feuchtem Waschlappen nach ca. einer Stunde reinigen
2. Reine Vaseline (z.B. aus dem dm-Markt) um die Augen verteilen und mit Wattepads reinigen
3. Labello, zur Lippenpflege regelmäßig anwenden


*Manuela Angelika Rapino*

**Graf Hugo de Stuokarten**

Die silbergrauen Napoleoniden
erhielt der Graf
vom Leutnant,
mit nur noch drei Generationen
fürs Murmelspiel:

Walnüsse knacken

*Manuela Angelika Rapino*

## „Karl Neef & Co., Eier- und Lebensmittelgroßhandlung in Stuttgart beim Rathaus" (2)

Die Lorbeersuppe
seines Rothschildeis,
reichte der Kaufmann
seinen ungebetenen Gästen
im Rosenthalteller mit
silbernem Löffel.
Seiner Sekretärin hinterließ
er nur noch eine braunäugige
Puppe, für das Stockwerkeigentum
der Stadt Stuttgart:
2 Eier,
1 Prise Salz,
etwas Muskat
2 Eßlöffel Mehl,
1 Packung Backpulver,
50g geriebener Käse,
1l vegetarische Brühe,
ein Bund Schnittlauch
*(Zutaten für den Eierstich:*
*Eier, Mehl, Salz, Muskat,*
*Backpulver und den*
*geriebenen Käse mischen;*
*den Teig auf ein Backblech und*
*Backpapier dick aufstreichen*
*und ausbacken; den Eierstich*
*in kleine Würfel schneiden und*
*der vegetarischen Brühe*
*hinzufügen, mit fein gehacktem*
*Schnittlauch verfeinern)*

*Manuela Angelika Rapino*

**Principe Montenevoso (La Rapagnetta)**

Im Pinienhain
fand Venus
das Paar sich liebend,
und liebend küssend
gab der Mohn
sein Jawort:

4 Eier
Süßstoff,
300g Karotten (fein gerieben)
3EL Olivenöl
1 Packung Backpulver
250g Mehl
(Zutaten mischen und zu kleinen Küchlein
auf dem Backblech ausbacken)


*Manuela Angelika Rapino*

**Spazierstock: Woodstock**

Elizabeth wußte
von den Tränen
der unbekannten Frau,
als diese
vom plötzlichen Tod
ihres besten Freundes
hörte,
der im Pazifik ertrank:

Betasoidina Salbe
mit Baumwoll-Pflaster

*Manuela Angelika Rapino*

**Uta von Naumburg**

Selbst beim Araber
bekannt,
warst Schönheit,
und Gottes Allmacht genannt,
mir Graf:

*Brot kurz unter fließendes Wasser,*
*auf einem Teller*
*mit Olivenöl,*
*Salz verfeinern*
*(dazu Tomatenscheiben)*


*Manuela Angelika Rapino*

**Die Überschreibung:**
**‚Regnum Francorum Orientalium'**

Der Preuße sah
seine Kost
beim Deutschen,
und erhielt
seinen guten Kies
vom Araber:
Coca Cola light

*Manuela Angelika Rapino*

## Heinrich Friedrich Karl
## Reichsfreiherr vom und zum Stein (2)

Du Majestät des Rechts,
kanntest
kein Blut und kein Eisen;
es sandte dich Gott.
Warst der Schöpfer
preußischen Rechts
und das Gesicht.
Die Veredelung
Deutschlands
war Preußens Geschick.
Ein süßer Kuchen ist dir
nun endlich schick:
400g Mehl, 80g Margarine,
3 Eier, 1 Packung Backpulver,
Süßstoff,
Grappa,
(Teig zu einem Kranz formen und ausbacken)


*Manuela Angelika Rapino*

## triplet turtle: 11.09.2001

Die Zwillingtürme
fielen im Flug,
und der dritte Turm
blieb fairness der Capella:

Glas Gin

*Manuela Angelika Rapino*

**Napoleoniden
auf Schloß Arenenberg, Schweiz**

Man müsse meinen,
Napoleoniden zahlen
mit dem eigenen Namen:

1 Ei
Süßstoff,
Kakaopulver
*Zutaten mischen für ein Omelette
aus der Pfanne
(Nachtisch)*


*Manuela Angelika Rapino*

**Schillerlocken**

Dunkelrote Rosen
sah der wunderschöne Jüngling,
bei des besten Freundes
Weib,
und den bloßen Hohenasperg
nur noch dann deshalb:
1 Packung Blätterteig,
Süßstoff,
1 Ei,
Zimt
Kondensmilch zum Bestreichen
*(Ei, Zimt und Süßstoff mischen,
und auf den ausgerollten Blätterteig
verteilen; von rechts und links
zur Mitte einrollen und in Scheiben
zu Schillerlocken schneiden, mit
Kondensmilch bestreichen)*

*Manuela Angelika Rapino*

**corpus domini**

Aus einer bloßen
Spielerei,
und Laune
der Natur,
sprich,
durch bloßen Zufall
entstand
*ein Reichskrieg:*
*Körperbürste*
*und Duschgel*
*zum Duschen*
*anwenden*
*(Produkte aus dem*
*dm-Markt)*


*Manuela Angelika Rapino*

**Die Möglichkeit Reich zu sein
ohne Instrument**

Die Emission
führte erstmals
zur Entleerung
des Ausländischen:

Laser *demonstrator*

*Manuela Angelika Rapino*

**Handpartie des Falken**

Zärtlich berührt die Hand,
mit dem kurzen
Fingernagel,
den transparenten
Nagellack:

*Nagelfeile,*
*Nagelschere,*
*transparenter Nagellack,*
*Handcreme*

*Diese Pflegeprodukte finden sich*
*im dm-Markt.*


*Manuela Angelika Rapino*

**lucrum**

Im Kondolenzbrief
fand sich
die Einladung
zum Leichenschmaus:

*Tomatensuppe mit*
*Marsala.*

*Manuela Angelika Rapino*

## Die Haar-DNS eines fiktiven Volumen

Man müsse
das natürliche Kopfhaar
einsehen;
mit einer bloßen
Haarcoloration
könne man
tatsächlich leben:
*Haarcoloration aus dem dm-Markt.*


*Manuela Angelika Rapino*

## The Soul of the Rose, von John William Waterhouse

Auf dem Eßtisch
fand man
den Salzstreuer
und die Olivenflasche,
Essig fehlte:

*Sauerkraut (fertig aus dem Supermarkt)
mit Wacholder,
Lorbeerblättern und
Zimtstanden, (ect.)
verfeinern;
dazu Kartoffelpüree
(fertig aus dem Supermarkt)
servieren.*

*Manuela Angelika Rapino*

**Das Glas Kuhmilch zum Frühstück**

Die Mucca Carolina
(CCC, 1532)
blieb nur noch
ein Missverständnis
der Vergangenheit,
das es plötzlich nicht mehr gab:
*Ein Glas Kuhmilch am Tag.*


*Manuela Angelika Rapino*

**Ein Prinz**

Und auch Heilige
wurden
von Mücken
ganz zerstochen,
und ihre Füße
schmerzten:
Fenistil Gel
*(aus der Apotheke)*

*hautverträgliches
Desinfektionsmittel
(dm-Markt)*

*Manuela Angelika Rapino*

**Insomnia**

In der Stille des Feldes
erzählte nur noch
die Ziegenfelltrommel
von des Briten
Truppenstoß:

*Watte ins Ohr (nachts).*


*Manuela Angelika Rapino*

**remover**

Im türkischen Bad
fand sich
eine kleine Schale
mit Creme:

*z.B. veet-Creme*
*(aus dem dm-Markt)*


*Manuela Angelika Rapino*

**Louis Kuhnes Toxemie**

Zehn Jahre beobachtete er
wehrlos,
die Krankheit:

*Zweimal täglich grünen Salat*
*essen (gegen Krankheit)*

*Manuela Angelika Rapino*

## Das Rückgrat der Nacht

Im Altdeutsch-Rücken
fand sich
der Bamberger Reiter:

Schokolade    (ohne Zucker)
Schokolade    (mit Süßstoff)
Schokolade    (mit Stevia)


*Manuela Angelika Rapino*

## Die dt. Fußpartie: Carlus Magnus

Die Körperkultur titelte
die Integration ins Schöne:

*Hornhauthobler*
*Hornhautfeile*
*Fußbalsam*
*Duofilm (Anti-Warzen-Mittel,*
*für Fußpartie)*
*die abgestorbene erkrankte Haut der*
*Fußpartie, regelmäßig mit dem*
*Hornhauthobler entfernen und bei*
*Schnittwunden*

*Betasoidina-Salbe zur Desinfektion mit*
*Baumwollpflaster anwenden.*

*Diese Pflegeprodukte finden sich im dm-Markt*
*und in der Apotheke.*

*Manuela Angelika Rapino*

## Graf Dracula und sein Krieg gegen die Türken

Oh, mögest du Reich sein
weil ohne Türkei das
Witwenwasser,
Deiner Tränen.
Du glaubtest verloren dich nicht,
und bliebest Amor
für immer;
das Reich der Liebe:

8 billige Tafelbrötchen
*(Brot klein würfeln)*
etwas Olivenöl
ca. 500ml Milch
3EL Hartweizengrieß
100g geriebener Käse
1 Ei
Petersilie
Salz
*(Zutaten vermengen,*
*30 min ziehen lassen;*
*aus der Masse*
*runde Knödel formen und*
*im Backofen 40 min. ausbacken)*
Beilage:
Pilze aus der Pfanne,
und Tomatensalat dazu reichen

*Manuela Angelika Rapino*

## Émilie du Châtelet

Das Dreikörperproblem
wurde stringent gelöst:

*100g          Mehl*
*75g            Margarine*
*200g          Quark*
*Süßstoff*
*(Zutaten zu einem Teig kneten und*
*in drei Springförmchen mit ca. 12 cm*
*Durchmesser eindrücken)*
*200g          Rhabarber*
*300g          weißer Joghurt*
*3EL            Speisestärke*
*Süßstoff*
*(Zutaten für den Belag)*


*Manuela Angelika Rapino*

## Volto Santo

Die VeraIcona
erklärte sich später
mit der täglichen Olaz,
um dem Gefangenenchor
zu entkommen:

*Beauty-Fluid Olaz*
*(siehe im dm-Markt)*

*Manuela Angelika Rapino*

## Rememberance: phalanx-member is double-ganger

Er nannte
seinen doubleganger,
tatsächlich Schuldner,
und sah das zweite Leben
eben nicht:

350g    Mehl
1 Packung Backpulver
½ Glas Weißwein
2 Schnapsgläser Olivenöl
1 Ei
Süßstoff
(Zutaten zu einem Teig kneten,
mit der Tassenöffnung Förmchen
stechen, und zu einem Halbmond
falten; in die Gebäckfalte
fein gehackte Rosenblätter von
ca. 2 Rosen mit Honig gemischt
geben… Gebäck mit einem Ei
bestreichen und mit
Mandelblättern verzieren,
alles ausbacken)

*Manuela Angelika Rapino*

## Horseshoe

Und auch
die Prinzessin
wurde
als kleine Seele
der Natur
erfunden:
*250g         Quark*
*30g          Margarine*
*1            Ei*
*1            Packung Puddingpulver*
*1            Eßlöffel Grieß*
*flüssiger Süßstoff*
*(Quarkschnitte backen*
*und mit Weizen-Kornbrand*
*servieren)*


*Manuela Angelika Rapino*

## goringlike:
## Europa und der Stier,
## von Werner Peiner

Sowie die Ghibellinen (1215)
mit Albert Einstein blieben,
wurde der Verdienst
spanisch,
aber auch das Fenster
der Gotik:
in Spanien segeln

*Manuela Angelika Rapino*

**Amor und Psyche, von Giuseppe Maria Crespi**

Tatsächlich sei die Lampe
Cupidos Wahrheit,
Psyche
zu sehen:

*empfehlenswert seien
Tischlampen,
siehe hierzu z.B.
Einrichtungskonzern IKEA*


*Manuela Angelika Rapino*

**Der Blondinenwitz, eine verlorene Zahlenfigur**

Die Kannibalen
in den Essais
von Montaigne,
blieben in der Neuzeit
tatsächlich nur noch
Bankhauscracker,
die es mit IBAN und BIC
nicht mehr gab:
*siehe ‚Im Auftrag des Teufels',
Horrorfilm 1997 (DVD)*

*Manuela Angelika Rapino*

**Preparing the Flag (1911)**

Edmund Blair Leighton
bliebe der einzige
Historiker,
welcher Ludwig
mit seiner Falkenfrau
(in Falkenstein)
sah:
*Drei ganze Karotten*
*mit einer Reibe fein hobeln*
*(vegetarische Brühe)*
*Beilage: Grüner Salat,*
*(Salz, Essig und Olivenöl)*
*mit Tafelbrötchen*


*Manuela Angelika Rapino*

**Gen-Card-System**
**(Wohngelegenheit 1)**

Nur ein Winkeladvokat
konnte das Labyrinth
dechiffriert haben:
*siehe ‚The Counselor',*
*Thriller (2013), DVD*

*Manuela Angelika Rapino*

**ready-made Produkte
aus dem Supermarkt
für den Verzehr
mit Besteckkasten
und Papierserviette**

Man hörte ‚Pop',
und sah doch…
den Klassiker:

Vegetarische Fertigsuppen
aus dem Supermarkt,
z.B. Maggi, Knorr etc.

mit frischem Gemüse,
wie z.B. grünen Erbsen
oder Backerbsen
verfeinern


*Manuela Angelika Rapino*

**Bilokation**

Es könne möglich sein
an zwei Orten
gleichzeitig zu sein;
Anklagevertretung
(eines Anwalts)
zu sein…:
*Coco Chanel (Make up)
mit Trend-Produkten
dazu „Roma" Eau de Toilette
(Spray) von Laura Biagiotti.*

*Manuela Angelika Rapino*

## ‚Echt kölnisch-italienisches Wasser (4711)'

Man müsse meinen,
jeder habe eine Bibel;
echt-arabische Geschichte:
*‚Gocce di Napoleone'*
*(als Ode Toilette, Puder, ect.*
*gesehen in Parfümerien*
*der italienischen*
*Abruzzen)*


*Manuela Angelika Rapino*

## Gen-Card-System (Wohngelegenheit 2)

Die gelbe Wandtapete
und das offene Fenster
blieben
im Golfkrieg
‚war-in-the-livingroom':
*Biddies Sumatra*
*(einmal täglich rauchen,*
*nicht im Schlafzimmer)*

*Manuela Angelika Rapino*

**Vatikanstaat 04. April 1995**

Die ‚Otto Herbert Hajek-Gruppe' erhielt
nur noch einen Platz
in Cyberphoria
für die Halsbandaffäre (1785/ 86):

Erbsen aus der Pfanne
*mit Salz, Öl, Wasser und
klein gehackten
Pfefferminzblättern verfeinern;*
ganze geschälte Zwiebeln
ausbacken… und alles
auf einem Teller servieren.


*Manuela Angelika Rapino*

**21. Februar 1998,
Beerdigungsfeier
von Ernst Jünger**

Er sprach von einem
Ehrendoktor,
die Justiz von einem
Baron Münchhausen:

‚*Wilde Erdbeeren'*,
*von Ingmar Bergmann
(DVD)*

*Manuela Angelika Rapino*

**Boyhood Popstar Falco**

Warst kein Idol,
sondern die Bill… of Rights,
titanisches Bruderherz,
die DNS-Check-Up:

*1 ganze Gurke fein hobeln,
in reine Gemüsebrühe geben
(z.B. vegetarische Suppenwürfel
aus dem Supermarkt ‚Rewe')*


*Manuela Angelika Rapino*

**Gen-Card-System
(Wohngelegenheit 3)**

Der Krieg betraf
den Zucker,
den es plötzlich
nur noch
im Apothekerschrank gab;
das Lebensmittel blieb
ohne Energiewert:
*flüssiger Süßstoff
Süßstoff-Tabletten
(aus dem Supermarkt)*

*Manuela Angelika Rapino*

**Madame Dubarry,-
eine DNS-Studie**

Der Vater
…ein Franziskanermönch,
die Mutter
…eine Näherin,
kein Brudermord
…ihr Geburtstag ‚19.08.',
sie selbst als Schwester
dem Grafen des Königs;
…Er-gibt den Falken:
*Hut von H&M.*

*Sergio Leone*

**In mir**

Des Lebens morgens erwacht
Der Gedanke
Durchgestanden die Nacht
Im Herzleid das Vermögen
Die Charakterseele
Kraft Gottes
Im Leid in der Liebe
Das Seelenleben wieder geboren
Der Gedanke bei dir
Bleiben lässt
Der Glücksträne im Herz
Der Gedanke in mir
Bleibt
In ewig übergeht Brücken
Der Zeit
Der Sinn im Leben
Die Seele aufrichtig heilt
Im Leid in der Freude
Im Geben füreinander
Im Sinn der Gedanke
An dich
Mich leben
Ließ

*Sergio Leone*

**Im Sinn**

Druck Akzeptanz
Verwährt bekommen im Geist
Der Erklärungsnot
In der Bedrängnis
Der Trostseeligkeit
Dem Sinn des Seelentrost
Der Gerechtigkeit
Im Seelensleid
Des Seelenleid
Im Schmerz der Leidenschaft
Des Seelesleides
Des Seelensleidens
Im Sinn dem Sinn
In der Gegenwart
Allgegenwärtig
Und zeigt die
Ewiglichkeit
Der Geist frei endlos
Scheint
Unsterblichkeit
Die Seele
Des Seelesleid
Verzeiht vom Sinn
Die Seele
Barmherzigkeit
In dem Güte zeigt
Endlich Gerechtigkeit
Der Verstand
Die Menschlichkeit
Trostseeligkeit dem Sinn
Des Seelentrost
Der Gerechtigkeit
Im Seelensleid
Die Ewiglichkeit
Der Geist frei endlos

Scheint
Unsterblichkeit
Die Seelenliebe
Unvergänglichkeit

*Sergio Leone*

**Sinnlogik**

Auf sich aufmerksam das Gehör sich fängt
Verläuft das Wort, wenn du nicht denkst
Nachdenkst wo der Geist sich stört
Zerstört, sich selbst umsonst der
Rat eher Verrat das
Gute widerlegt, unaufhörlich den
Schwachsinn erhellt
Sich selbst das Dumme
Sich daneben verhält, auslöst
Was der Verstand als Frevel nennt.
Damit der Mensch sich als gewissenrein
Und reich der Worte
Das Lobwort der Seele
Benennt was der Mensch
Zu Sein gedenkt.

*Sergio Leone*

## Erinnerungen

Der Moment geballt
Alles Erlebte Erinnerungen
Dringen durch die Seele
Nicht nach Außen
Im Inneren fluten Gefühle
Lichter des erlebten
Ewig denkend vermacht
Die Seele irgendwann fort
Der Welt im Geist
Die Liebe mich hält
Am Leben in der Not
Gedacht wie wertvoll
Die Menschen die Würde
Macht
Zu Handeln im Gleichklang
Plötzlich die Seele erwacht
Die Eifersucht klagt
Weil ich dich so liebe so stark
Verzeih mir das Gefühl
Wehlos irrend umher
Ohne Klarheit fühlt das
Gefühl
Dich zu verlieren
Sorgen Kummer und Trost ja
Leidenschaft stark unsere Liebe
Macht
Füreinander da zu sein
Und nicht anders sein, denn
So wie du bist fühlt mein
Gefühl mit dir
Eins
Für immer mit dir
Glücklich zu sein
Der Gedanke
Ohne dich

Das Leben
Kein Sinn
Ich liebe dich
Zu merken wie
Bedeutsam du für Mich
Bist


*Sergio Leone*

**Sprich**

Mein Sinnesmut
Ohne dich
Schmerz sinnlich mutig klingen Worte immens
Ohne dich wie Hall
Erhöre mich wenn ich um dich weine
Wenn ich selbst nicht mehr schreie
Stumm die Worte wenn ich dich sehe
im Gedanken fühlen meine Worte Gedanken
Adressiert an dich die Seele mit dir spricht
Unmündig ohne dich Glauben schenken dein Licht
Wenn ich dich liebe mit allen Sinnen dich bei mir fühle wie ein
Gedicht
Wenn das Schiff zu dir endlos die Zeit schon im Herzen die
Seele dich
Schon erwartet meine Lippen
Zu dir
Ich liebe dich
spricht

*Sergio Leone*

**Odem**

Im Odem Gottes zeigt
Menschsein, sich verstanden
Fühlen, wem Liebe gibt
Einen selbst sich stark in
Bedeutsamkeit fühlt
Empfindsam weiss
Was die Seele eint
Der Weg zeigt Liebe
Verstand des Andren kennt
füreinander
In der Krankheit
Kämpft, so stark die
Liebe zu dir, Gottes Segen
Über uns wacht
Der Glaube an Gott
Uns die Kraft, beschützt Gott
Uns allzeit
Vertraue in dir in Gottes
Kraft, Gott für uns da
Den Sinn eben
Die Liebe
Ihr
Zu Geben

*Sergio Leone*

**Mutig der Worte**

Mutig fassend den Gedankenfluss
Der Berge plätschern die Flüsse den
Sinn woher mein Verstand
Mich misst die Natur so
Wie ich bin im Leben allein
Im Sinn egal
Wer ich bin, der heilige Geist
Seit den Wort, der Anfang der
Menschheit im Sinn ist Liebe
Vernimmt überall immer gewesen
Ewiglich barmherzig für uns da.
Wollte willenlos das Leben leben
Mit Sinneskraft in der Lebenslust
Sinn fühlend Geben dankend
Denkend ohne Sinn wenn
Doch Liebe der Sinn mich
Erkennt, ja, ich bin
Mensch,
Doch nur ein Licht, wenn
Ich an Gott denke

*Sergio Leone*

## Gebärdensprache

Seelensprache der
Freiheit verbunden
Des Geistes Sein
Buddha im Sein
Sein Körper
Der Geist
Der Trost
Des Seelesleid
Leid heilig
Göttlich empfindet das Leid
Göttlich zu Empfinden
Das Leid
Ich empfinde göttlich das
Leid
Frieden findet das Sein
In der Ewigkeit
Seelenstaub
Grund inbegriffen
Gelungen
Zeit Courage der
Not Seele Trost
Stärkt den Geist
Besagt überlegen sich zeigt
Krieg Zerstörung beginnt und
im Sinn ein Mensch sich
wünscht
Frieden vor dem Gesetz
Gleich zeitgleich Boykott
Demütigung Entehrung Tod
Mißbrauch Mord Heilung
Zeitgleich frei geschlossen
Gesang offen sprechen
Blues Weltschmerz Soul
Krieg Zerstörung Leid
Seele Geist Hunger

Körper Verrat Rat
Point of View
Schmerz Erde Heimat
Soul Blues Welt
Geld Macht Wissen
Macht
Denk nach
Felsenfest versetzt den
Friedensgedanken den
Verstand an Orte gleich
Citizen

*Sergio Leone*

**Jesus Christ**

Mein Wehmut
Siegt befreit
Grenzenlos mit
Liebesmut ohne
Einsicht grundlos
Sinnesmut dem Instinkt
Die Intuition
Die Intention
Die Courage dem Mut
Befreit zeigt entlohnt
Siegeswillen wider Willen
Nein besser Siegeswillen
Gegen Widerwillen entzweckt
Emotional zu zerstören kränkt konform
Sich dem wehrt entgeht das Schwert
Das Wort so schwer Gott willenlos
Umkehrt hilflos dem irdischen
Befreit der Zweisamkeit
Gebote der Nächstenliebe
Die Erlösung Frieden
Mit Hingabe
Jesus Chist
Dem Trost
Dem Erlöser
Den Weg mit ihm zu Gehen
Du Selbst der Entdecker
Deiner Selbst

*Sergio Leone*

## Zum Nachdenken geblogt

Sinneskraft erkennt Ihr
Den Sinn Unbefreitheit
Seid ihr frei Zwangsgewalt
Willenlos keiner da
Vertrauenskraft an wen
Glauben die Sinngabe
Für wen die Sinnkraft
Die Sinneskraft die Hingabe
Die Willenskraft losgelöst
Problemlos meditativ sich
Hingeben sich befreien
Die Sinngebung
Die Sinneingabe für die
Lebenskraft
Lieblos Liebeserfolg
Der Erdung zu Gott
Dem Irdischen den weltlichen Geist
Mittel mittellos Hilfe
Freiwillig der Wille
Entscheidet die Segenskraft
Für das was man tut Lebenszeichen
Das Denken im Geist
Seele Körper eintauchen spüren
Sinne Leidenschaft
Seele Körper Geist
Für Gott die Schöpfung
Unendlichkeit befreit
Seid ihr wach
Meditativ befreit
Sich losgelöst

*Sergio Leone*

**Mysterium Dasein**

Das Nichts ist schwarz. Der Adjektiv ist existent,
befolgt der Sprachanalyse, bezeichnet es etwas,
das existieren muss.
Doch das Nichts ist weder schwarz, weil es nicht existiert,
so dass die Folgerung ist, das man es nicht sehen kann,
was zur einen zusätzlichen Gedanken kommen lässt,
wie in der Evolutionsgeschichte der Menschheit
in der Natur des Menschen den Sinn Sehen entstehen lässt,
obwohl das Lebewesen Mensch erstmal nicht weiss,
was Sehen bedeutet.
Ein Vakuum, um wieder auf das Nichts
zu sprechen zu kommen, ist das Nichts wohl weniger,
den Raum bezeichnet und impliziert Existenz,
auch wohl gemerkt, wenn es keine Lebewesen, Flora usw. gäbe.
Man kann es nicht sehen,
weil das Nichts das Gegenteil der Existenz ist.
Denn ohne Raum keine Sonne. Wenn der Raum umzäunt ist,
was ist neben und dahinter.
Somit stellt kein Planet den Mittelpunkt dar.
Die Zeit geht bis in die Vergangenheit zurück:
Gestern, Vorgestern, Vor-Vor-Gestern.
Man hat nicht das Gefühl, das die Gedanken gefangen sind.
Das Mysterium Dasein gegen den Mainstream der Zeit endlos
Logik des Herzens gegen Rationalität des Verstandes,
Logik gegen Herz, Wissen gegen Gefühl, Kopf gegen Herz,
Logik gegen Intuition. Unendlichkeit.
Forever Young
Zum Nachdenken geblogt.

*Sergio Leone*

**Der Wille nach endloser Sicht**

Schweren Herzens lasse ich gehen
Aufgeben das Leben entgeht
Nach endlos trüber Sicht
Gewonnen der Reichtümer im Geist errungen
Klarheit was jetzt ist
Unfrei des Willens
Geben der Lust der Freiheit vergebens
Der freie Wille entlohnt
Im Geist frei sein
Des Sieges was jetzt ist
In der Gegenwart für die Zukunft blind
Kämpfe ich doch weiter
Nach dem Willen nach endloser Sicht


*Sergio Leone*

**Kurz und prägnant**

Trennt den Geist vom
Wahrheitsgehalt unbekannt die
Wahrheit entgleist auf
Irrfahrten der
Gedanken

*Sergio Leone*

**Hör auf mein Herz**

Weile in mir
Groß der Gedanke übermächtig
Du nicht bei mir
Der Seelenschmerz beruhigt sich
Wenn ich mit dir spreche
Mich unterhalte
Du wieder bei mir
Die Sehnsucht, wenn ich alleine bin
Nach dir, so schwer ein Tag
Ohne dich, der Gedanke
Übermächtig, groß die
Sehnsucht nach dir, weilt in mir
Um deine Hand bitten,
Dich in Arm nehmen, zu
Küssen, diese Gedanken jeden
Tag in mir, Nächte in Wind
Tagen in Sorgen, die Nacht vor
Kummer nicht geschlafen, wenn
Es dir schlecht geht, im
Gedanken umsorgt, umarmt
Ich liebe dich gedacht und dir
Noch nicht gesagt dir die Hand
Reichen, keine Gedanken mehr
Ohne dich, mitten im Herz getroffen
Für dich da sein, mein Wunsch
Jemandem so wie dich zu treffen,
Zu begegnen, das Glück sich befreit,
Jetzt dich lieben, für dich kämpfen,
Für dich da sein, dir zu gestehen,
Ich küsse dir die Stirn, knie vor dir nieder
Und spreche dir leise schüchtern ins Ohr
Ich liebe dich so sehr
Mein Herz schreit ich liebe dich so sehr
Weile in mir die Sehnsucht nach dir

*Sergio Leone*

**Liebe**

Nichts gesagt
lang gedacht
an unsere Liebe in
der Nacht
lang gedacht
in der Hoffnung versagt, weil ich weiss
was du sagst
Morgen, der Tag
Du sagst dann das
Ende
wie es endet
das verflixte siebte Jahr
Und es endet weiter
Ohne dich
Der letzte Blick
Wege enden getrennt
zum Herzen
Getrennt
die Wege allein
Ich zurück die Wege
Ohne dich
Zum Ende klingt
Deine Stimme
wieder
Deine Worte immer
wieder
An diesem Morgen laufe ich
Mein Weg
zurück allein
Ohne dich
Verdammt, ich fühle
Ich liebe dich

*Sergio Leone*

**Für dich**

Ich denke fest an dich
wie es dir geht intensiv
voller Gefühl emotional verrückt
verrückt wie ich dich liebe
So der Tag
So schön die Erinnerung
an dich verbleibt
Nachdenken die Tage
passieren Revue
der Morgen dich zu sehen
umarmt die Sorge wie es
dir geht fahre spazieren
mit Gedanken an dich
mit dir das Leben so schön
was erhofft mein Herz
dich bei mir zu sehen
Morgen, der Tag
Der Gedanke wie es dir geht
Leidenschaft für dich
der Herzschmerz für dich
die Liebe die bringt Glück
Tröstet das Leid
im Gedanken erstaunt
die Vergangenheit
besiegt
die Zukunft Hoffnung
die glaubt
Jedenfalls der Sinn
im Sinn
die Leidenschaft
für dich
mit schönen Momenten verbringt
Schmerz mein Herz
für dich
so schön das es dich gibt
ich denke an dich

erfüllt, dabei deine Lippen, deine Küsse,
dein Mund, wenn du sprichst
soviel was du mir gibst
komm in meine Arme
ich liebe dich
denke ich träume ich
doch unsere Liebe wahr
Mein Sonnenschein du
in meinem Arm


*Sergio Leone*

**Flamenco**

Ich streichle
deine Sonnenstrahlen
und träume
deine Sinne
im Strahlen
deiner Augen
Deiner Liebe für mich
deiner Freiheit mehr
deiner Träume
so vieles mehr
was du fühlst
mit Leid erstanden
Erweckt die Liebe
in mir
dein Mann, dein Freund
zu sein
mitfühlen Freundschaft
Der Wille geteilt

*Sergio Leone*

**Poesia**

Herz stößt an Verstand
was in sich geschlossen
zusammen Schmerz bedeutet
das Herz sagt: Ich liebe dich
der Verstand sinnbejahend
versteht wieso, weil ich dich kenne
wie wundervoll, wie bedeutend
du für mich bist, für immer du
in mein Herzleben mein eigenes
Leben bedeutest, wenn du in
mein Herz läutest, ich immer bereit,
dir die Tür zu öffnen, wertvoll
und bereit dich in mein Arm
zu nehmen, zu umarmen
ich liebe dich, du bist für immer in
meinem Herz!
Keiner gleicht dir wie du bist
habe dich vermisst
Dankbarkeit aller Sorgen
verbleibt sehnsüchtig im
Herzen die Liebe die gegeben
verbleibt gegeben für immer
mein Herz für dich in Segen
zu verschmelzen es dauert
wir drehen uns wir lieben
uns küssen, streicheln, berühren
uns, springt mein Herz auf
deine erogene Zonen, streichelt
und sanft dein Körper bebt
die Sinne schärfen sich und
dein Gesicht erregt
Deine Lippen unantastbar schön
zu küssen im Traum und
es facht das Feuer das Gefühl
einander zu berühren

Meine Träume mehren
umso mehr die Rosen ums
Badewasser wo ich gerne
mit dir wär mit Lichtern
der Stille, es ist so still
ich höre nichts mehr
von dir, vor Kummer,
nicht geschlafen
Der Seelenschmerz an dich denken
im Herz an dich denken
vermissen lieben umarmen
im Traum vermissen umarmen
so sehr beruhigt mich deine Nähe
ich spüre das ich dich gefunden habe
das mein Herz immer bei dir scheint
wenn du möchtest
und wenn nicht
immer weinen
vermissen lieben
im Traum umarmen
vermissen
vor Sehnsucht als ich dich sah
dich wiedersah
vor Sehnsucht haben meine Augen
die Arme um dich gelegt
Dieser Tag, so wie die Nacht kam
Kamst du mein Herz
der Morgen, der Tag ist erwacht
Ich bereue nichts
das Glück schreit: „Nimm dir Zeit!"
Im Schlaf Küsse
wenn ich von dir träume
Am nächsten Morgen
der Wunsch
du in meinem Arm
Keiner gleicht dir wie du bist

*Beate Loraine Bauer*

**Aber**

In vielfältigsten Lebenssituationen
treten sie uns gegenüber.
Leise – sanft – trotzig – vorlaut – direkt –
wütend – fragend – fordernd – nachhaltig.
Das Aber…
Es stürmt gleich zu unserem
Emotionsplatz
durch -
Wartezeit zum überlegen
oder geduldig sein,
kommt ja nicht in Frage.
Da steht es dann das Aber –
aufgemotzt – mit Schwung –
sich platzierend.
Farben – Gedanken – Empfindungen
purzeln wild und kunterbunt
durcheinander.
A b e r…
Will hinterfragen – verstehen – sich positionieren.
Wie ein großes Stoppschild – an dem Gegenüber
dieses hingeworfene Wortgewicht –
das Atem holt.
Raum beansprucht.
Richtig ansetzt.
Gedankengrenzzaun wie Kraft in Sprachausdruck legt.
Manchmal fühlen wir uns damit nicht
respektiert – anerkannt mit unserer Entscheidung
oder kritisiert.
Und doch – in welchen Situationen denken oder sagen
wir selbst – ABER?
Sind Agierer oder Reagierer?
Mit welcher Erwartungshaltung formen wir das Aber?
Wollen wir Grenzen ziehen – Erkenntnisse gewinnen –
Horizontnase erweitern…
Aber – kann ein berechtigter Einwand sein –

ohne uns persönlich angegriffen zu fühlen.
Ein aber das vielleicht verstehen will.
Sich unsicher bewegt im Seelen-Körper-Zuhause –
festen Boden erlangen will um Sicherheit zu erlangen.

*Beate Loraine Bauer*

**Wortdichte 2016**

Wort dicht gepackt in Sinnkomplex.
Weben Gedanken-Gefühlszeilen in Zeittakte ein.
Lyrische Bilder in Buchstaben gewortet.
Vom Gestern – heute und morgen
zarte Natur- wie Erlebnisbande hinein geknüpft.
Reflektieren Licht und Schatten wie
innere Seelenherzspuren.
Lebensreisende schöpft Worte ins Alltagsgeschehen.
Sensibel – liebevoll – kritisch – authentisch.
Will Leserfreiheit offenbaren,
Momente nehmen – nachdenken – fühlen können.
Individuelle Meinungsaugenblicke mitgestalten.
Kostbare Zeilenbegegnungen die Nähe wie Distanz erzeugen.
Verstehen – sich einlassen können – wollen,
oder Buchstabengrenzen die trennen – Bereitschaften verabschieden.
Leidenschaftlich und voller Herzliebe
aus dem stets beweglichen Lebensmeer
Wortfarbbilder sammeln.
Fließen atemreich in Erfahrungskarusselle –
tanzen zum Regenbogen, erblühen Stilblüten
und formen Satzmelodie.
Gefugte Wolkenwortflügel gewähren kleine Pause,
fordern aktiv auf zum Denken und Empfinden – sich
fürs Leben bewusst neu zu entscheiden.
Chancen in das Hier und Jetzt einzuladen.
Worte die Ja oder Nein sagen,
kein Vielleicht.

*Beate Loraine Bauer*

**Chapeau**
**Paralympics Olympioniken**

Sie zeigen uns
was Träume – Mut – Disziplin – Hoffnung
und Zuversicht vermögen.
Leidenschaften, die nach Lebensqualitäten streben.
Nicht still – sondern laut im Inneren des Menschen rufen.
Über Grenzen – Schatten – Vorurteile hinweg.
Gedanken und zwischenmenschliche Mauern
überwindend.
Sich nicht abfinden - sondern akzeptieren
und etwas BESONDERES daraus machen.
Mit Hingabe – einem Lächeln und vor allem
viel Tatkraft.
Geduld hilft Gebrechen wie Schmerzen
hinter sich zu lassen –
für diesen einen magischen Moment.
Lippen die keine Worte formen mögen –
weil der Spirit tief im Herzen beheimatet ist.
Wortlos dafür mit vollkommener Liebe
jeden nötigen Schritt zu dem Ziel zu gehen.
Persönliche Kapazitäten – Möglichkeiten
entdecken – befreien – trainieren.
Es näher zu bringen – das Erreichen
aus dem ureigensten Sein zu schöpfen.
Jeder einzelne Athlet bekommt
von mir einen Chapeau-Orden.
Für das Licht im Schatten zeigen,
Mut machen wo wir wegen Kleinigkeiten klagen.
Respekt, Würde und wertschätzende Anerkennung
verdienen – da sie als Menschen mit besonderen Bedürfnissen
uns aktiv sinnig unsere persönlichen Gedankenzäune erkennen lassen.
Wo wir sofort unserem bekannten Schweinehund zügigst nachgeben –
lamentieren wegen minimaler Wehwehchen
werden freudig sportlichste Höchstleistungen vollbracht.

Miteinander gönnend – freuen – glücklich. Bewundernswert.
Neue Horizonte der Endlichkeit in Farbe und Enthusiasmus getaucht.
Ihr seid so wunderbare Sterne die der Welt besonderen Glanz verleihen.
DANKESCHÖN!

*Beate Loraine Bauer*

**Zeit zum Leben - Zeit zum Sterben**

Mit dem erstem Atemzug
verfügen wir über Zeit um den Sinn unseres Lebens zu begreifen.
Zeit zum Leben - Zeit zum Sterben.
Wir entwachsen den Kinderschuhen – entfalten Gaben –
sammeln Erlebnisblütengläser wie Erfahrungen – begegnen Menschen.
Lernen und erkennen.
Genießen kunterbuntes Glück.
Dazwischen liegt Licht und Schatten,
Trauer und Freude, Friede und Disharmonie und mehr.

Zeit zum Leben – Zeit zum Sterben.
Erinnerungsblätter erfüllt mit unterschiedlichstem
flüsternden wie deutlichen Bildworten
mögen über jede Gezeitenspanne Gegenwart fühlen.
Warst Zeitzeugin wichtiger Geschichtsstrukturen –
die stets deinen wachen Geist interessierten – erweiterten.

Zeit zum Leben – Zeit zum Sterben
Familie – Liebe – Freunde gehen manche
Lebensspur mit. Das Miteinander des Alltags
wie individuelle Veränderungen erzeugen
Nähe oder Distanzmomente.
Erkenntniswinde wehen über Seelenherzhaut.
Zeit zum Leben – Zeit zum Sterben
Im beweglichen bereisen der ureigensten Pfade
zwischen dem Gestern – Heute – Morgen
mit Träumen – Zielen – Wünschen
die Realisation finden oder still verwelken.

Zeit zum Leben – Zeit zum Sterben.
Krankheiten – Menschenverluste vertiefen
einige gemeinsame Etappenschritte nachdrücklich.
Diagnose Krebs nahm uns
auf eine fordernd kämpferische Atemebene mit.
Hoffnung und Zuversicht blähten zunächst beruhigende
Erfolgssegel. Strahlennachwirkungen nahmen
jegliche Energie und Lebensqualitäten vom
wertvollen Hier und Jetzt.

Zeit zum Leben – Zeit zum Sterben.
Das Leid trat vehement zur
Körperhaustüre herein. Übernahm machtvoll das Piratenzepter.
Formte die aktive Frauenhülle in
zarte Knochenhautschwäche um. Ausgemergelt
und doch mit glänzend wachen Augen wie energischer Stimme.

Tapfer durchlittst du jeglichen Wegfall deiner
bedeutenden Seinsschätze.
Entdecktest feine blühende Freudenpäckchen,
Freundschaften mit intensiver Innigkeit wie Wertschätzung
und bemerkenswert tiefe Dialogfelder.

Zeit zum Leben – Zeit zum Sterben.
Besuche – Seifenblasen – Gedichte – Geschichten – Blumenmeere –
Liebe – Lachen tauchten die letzten Lebenstage in
Regenbogenleichtigkeit die Schmetterlingsflügel verleihen.

Ein starkes Allgäuherz verließ sanft friedlich
diese irdische Welt, um in neuer
Atemvollkommenheit seine wunderbare Seelenreise
antreten zu können.

Mit all unseren besten Segenswünschen.

*Beate Loraine Bauer*

**NEIN**

Nein – heißt Nein.
Nein – ist Stopp!

Nein – ich will nicht begrapscht werden.
Nein – ich verwehre mich stark dagegen
das du übergriffig bist.
RESPEKTLOS. Würdelos.

Nein – ich bin nicht willens und bereit –
Dein Opfer zu sein.
Nein – mein Körper gehört mir
und ich alleine verfüge darüber.
Trage Verantwortung für mein persönliches Körperzuhause – Seele – Herz.
Nein – ich verzichte auf sexuelle Anspielungen.

Nein – heißt NEIN.

Ob ein Anfassen – in den Schritt fassen –
einen Klaps auf den Po oder mehr ist.
Nein – zu Einschüchterungen – Einsperren – Gewalt – Vergewaltigung.

N E I N!

Frauen sind kein Allgemeingut.
Kein grenzenlos verfügbares Erotikobjekt.
Nein – zur Beraubung meiner Wertgrenzen und Freiheit.

Nachhaltig – NEIN.
Ob mit Worten oder Taten.
Ein NEIN muss ausreichen.

Nein kein Spiel – kein Kavaliersdelikt!
Es zeichnet für das ganze Leben
einschränkende – verletzende – gedemütigte
bis gewaltsame Atemspuren

auf allen Lebensebenen. Beladet extrem das Seelengepäck.
Finden innewohnende Verwirklichungsblüten
keine Chancenentfaltung.

Hier im Jetzt und Heute
sollen – dürfen – müssen
wir alle diesem Nein
gesetzlich – gesellschaftlich – zwischenmenschlich
reales Erleben Gewicht gewähren.
Ohne Nebennischen – klar und deutlich.

Damit im aufstehenden Morgen
bedeutsame wie heile Veränderungen
Tageslicht erfahren.

JA – sagen für den sicheren Schutz
körperlich wie seelischer Unversehrtheit.

*Beate Loraine Bauer*

**Mutprobe – Eindrücke**

Wenn wir bewusst die Frauenrolle
des Hier und Jetzt ansehen,
können wir ein Gestrauchelt-sein erkennen.
Erfassten nicht uns real aus den geschichtlich patriarchischen Strukturen
heraus zu evolutionären, mehr Entwicklungs-Fortschritte einzuräumen.
Nein – wir selbst übernehmen höchst freiwillig die oktroyierten
perfekten Rollen von Frau, Hausfrau,
Mutter, Freundin, Rückenfreihalterin und Arbeitnehmerin.
Stülpen dabei noch medial getrimmte Leitbilder über.
Rücken dabei von unserem individuellen Seelenspiegelsein deutlich ab.
Nehmen nicht gleichwertig den Mann
ins alltäglich gelebte Beziehungsboot
mit eben diesen Aufgabenmustern.
Entfalten uns zu wenig aus den geschichtlichen
Spuren zielgerichtet heraus.

Knicken ein, wenn es darum geht für uns
persönlich einzustehen. Verfügbare
Arbeitschancen wirklich zu ergreifen, weil wir es uns zutrauen.
Nein – wir verharren noch zu oft in Selbstzweifel
die übergeht in eine ganz spezielle Mutlosigkeitsform.
Denken wir darüber nach, wo unsere Träume – Richtungswege und
finanzielle Lebensabendabsicherung hinführen sollen?
Wie weit genau sind wir davon jetzt schon entfernt?
Wo wäre Erfüllungspotenzial?
Welche Motivationen – direkten Vorbilder und Mottos
nehmen wir befürwortend auf? Reflektieren? Spüren hin…
Setzen um? Geben es vervielfältigend in den Frauenfluss weiter?
Möglichkeiten säen – sehen – erkennen – akzeptieren und LEBEN!
Sind nicht wir selbst längst unsere größten Bremsen? Muss das sein?
Hinterfragen wir zu viel – distanzieren uns explizit ab,
das Ziel hautnah erlangen zu können?
Wollen wir Stimme werden – Rückgrat zeigen für das Wichtige?
Ohne Zickenalarm – dafür gerne gemeinsam!
In allen vorhandenen Rollen des Frauseins dürfen
wir voller Vertrauen mutig sein,
den wir bestehen doch schon etliche einfordernde Lebensfelder.
Wo können – dürfen – müssen wir
Gedanken – Gefühle – Verhältnisse
– Positionen - Grundvoraussetzungen
v e r ä n d e r n, weil es höchste Zeit wird!
Damit ein WIR beider Geschlechter
im direkten Umfeld wie auf globaler Ebene
eine wahre förderliche Basispraxis aktiv finden kann.
Rollen – Macht – Chancen – Gender Mainstreaming
– Beruf – eigene Finanzsicherung
gewichtiges Sein im gelebten Alltag erfahren können.
Tu es jetzt! Nachhaltig!

*Beate Loraine Bauer*

**Begleitherzbilder**

Es gibt Lebenssituationen
in denen scheint Zeit still zu stehen.
Wolken ziehen vorüber oder verharren bewegungslos.
Gefühle breiten in tiefster Seele weite Saatfelder aus.
Wenige erlangen Wortgegenwart.
Erinnerungsbilder sprühen kurze Tageslichter.
Die Begegnung mit dir verändert sich.
Krankheit brennt Körperenergie aus.
Wirst weniger – verlässt gewichtsmäßig
Hülle für Hülle deinen Körper.
Ängste entwickeln Schattenland.
Alltägliches ist nicht mehr alltäglich.
Essen kein Lebensgenuss mehr. Geschmacksnerven versagen.
Gespräche und Briefe offenbaren
berührend kostbare Freundschaftsnähe.
Sprachzeilen wie Buchstabenliebe erfüllen freudig
das Herzufer – schenken wichtige Sonnenstrahlen.
Der Uhrenzeiger geht langsam und schwer –
wie Gedankenvögel deren Flügel die Wolken behäbig streifen.
Intensivere Begegnungen – mit feinen
kleinen Augenblickssternen versehen.
Die die empfundene Hilflosigkeit für
Sekundenkürze verbannen.
Ich begleite jede einzelne Krankheitsstation – Behandlung –
Arzttermin – Bestrahlungsfenster.
Will dir einen wärmend vertrauensvollen Geborgenheitsmantel
über die magere Seinshaut legen,
die dich alle Liebe förderlich spüren lässt.
Will dir Licht sein auch in dunklen Momenten.
Ein zärtlicher Streichelwind der dir wohltut.
Ein duftendes Blumenmeer das das Zimmer
in eine förderlichere Atmosphäre taucht.
Dir ein Lächeln zaubern – das dir POSITIVES
aktiv vermittelt.
Lebensreisespuren sind sehr unterschiedlich –

finden herzliche Quelle die stetig fließend
Liebe in das Atemjetzt schöpft – damit Frieden und Zufriedenheit
Seelenherzqualität erfahren.
Freiheit gewähren für alle Unendlichkeitswelten
mit empfangenem Liebesseelengepäck.


*Beate Loraine Bauer*

**LIEBE**
**Liebe ist – Liebe will nicht**

Liebe – will A T M E N –
Liebe wünscht sich
Herzen die sich öffnen – fühlen – vertrauen – fließen.
Liebe ebnet Wege – baut Brücken.
Liebe versteht – ohne zu Fragen.
Liebe vergibt.
Liebe heilt.
Liebe lebt in denen die lieben.
Liebe bringt Farben – Lächeln – Freude – Glück
ins Seelensein.
Schenkt kostbar feine Sternenfreunde.
Liebe erklärt nicht – sie ist.
Liebe besitzt nicht – sie ist –
aus einer unendlichen Quelle die verfügbar ist.
Liebe erhellt die Trauer und die Dunkelheit.
Liebe ist ein wunderbarer Geborgenheitsmantel.
Liebe lässt uns erstrahlen –
weil wir da am besten mit uns selbst liebevoll
akzeptierend verbunden sind.
Sei du atmende L I E B E.
Liebe die Frieden gestaltet –
den Sinn des Lebens deutlich macht.
Miteinanderwerte aufzeigt im Ich + Du = Wir Dialog.
Liebe vervielfältigt freudige Glücksmomente.
Sei Teil dieses besonderen Ganzen.

*Beate Loraine Bauer*

**Begleitmomente**

Unsere Herzen schlagen anders, nicht mehr eins mit heiler Welten.
Im Rhythmus zwischen Angst wie Hoffnungstraum –
taktet Atemlebensgegenwart.
Das Jetzt verlangt ehrliche Wahrnehmung
– beansprucht ganzen Einsatz.
Hochleistungssport anderer Art. Verzweiflung sät Bodenfurchen.
Verdammt lang her – als das Glück wie
ruhige Kraftschöpfpausen Tagesrealität lebte.
Verdammt lang her – wo wir sorglos über kunterbunte
Regenpfützen lachend hüpften.
Vertraute Erinnerungsbilder finden Sekundenlichter.
Der Kampf um Wohlergehen, Würde und Lebensqualitätserhalt
sind kleine Zwerge die nach konzentriertem Wachstum rufen.
Liebe fließt aus unendlicher Herzquelle –
erlangt wunderbar stärkend das bewahrende Gegenüber.
Liebe will lebendig sein – vervielfältigen
– erfreuen – erreichen – erfüllen.
Gedanken wie Gespräche formieren neue Handlungsbasis.
Ernst beginnt grüne Wurzeln zu fassen.
Begreifender Sinn erwirbt beeinflussendes Gewicht.
Horizontblicke erkennen fremde Dimensionen,
die sondierte Empfindungsbuchstaben schreiben.
Bewirken gereifte Nähe mit Seelenduftaroma.
Das Hier und Jetzt besiegelt essenziellem Sternenglanz –
intensiv in Herzseelenkörpern.
Wo wortlose Bilder Bände erzählen.
Mut gemeinsam über Leben und Tod zu reflektieren.
Die Leichtigkeit des Seins verliert Flügel,
manche Nacht entblößt tiefe Dunkelheitstrauer.
Sommersonnenwind streichelt
wärmend beschließende Wolkenprozesse.
Uhrzeigerbewegungen geleiten
das Miteinander von Begegnungsmomenten.
Zeit reist mit Lebensbooten
über schmerzhafte Erlebnissteindünen.

Gezurrte Segel beginnen mehr Fahrt aufzunehmen –
zu unbekanntem Kurszielort.
Hände die Tragen – liebkosen – trösten – motivieren – zu- wie loslassen.
Regenbogenfarbnetze voller Seelenpäckchen mit ins Gepäck geben.
Entdecken Atemspuren offenbarende Augenblickskostbarkeitsperlen.
Lichtherzerlebnisse vervollkommnen gewiss den Reisenden.

*Beate Loraine Bauer*

**Erwartungsruhe**

Im aktiven Hier und Jetzt
– zwischen allen Aufgaben, Entscheidungen wie Wünschen
innere Haltung achtsam
überprüfen.

Wahrnehmen wie Erwartungsdynamik oder Wartungslos
wir Menschen und Dingen gegenüber stehen.
Was und warum macht dies mit uns etwas?
Wie in einem fragilen Lebensboot
den Gezeitenstürmen des weiten Meeres
ausgesetzt.
Mitgerissen – gleitend – schwimmen – wellend – tauchend
die tiefen Masken enthüllend.
Erkenntnissterne pflücken – im frisch welkenden Augenblick.
Freies Eigenbeobachten wie stille Alternativen
in förderlicher Basis vornehmen.
Chancenlicht mit Atemsinn erfüllen.

Im realen Ebbe-Flut-Rhythmus
von Erwartungsaufzäunungen wie heilsamem Hoffnungsabbau.
Unabhängig – liebevoll – authentisch
wirksam agil der Seelenspur
vertrauensvolle Vollkommenheit eröffnen.
Annahme-Gedankenlaute in friedlich lösende
Seinsoase legen.
Haltungswechsel an stillen Polpunkten orientiert vollziehen.

*Andreas Müller*

**Rotkäppchens Waterloo**

Dichter Wald
Und dieser Weg durch den Wald
Verschlungener Weg durch den Wald
Verschlungener Weg durch den dichten Wald
Dunkler werdend

Abkommen
Vom Weg

Mädchen
Mädchen mit roter Kappe
Mädchen mit roter Kappe und Kuchen
Mädchen mit roter Kappe und leckerem Kuchen
Mädchen mit roter Kappe und leckerem Kuchen und rotem Wein
Trinkendes Mädchen
Trinkendes Mädchen
Mit Blumen und Kuchen

Transvestit
Transvestit mit Schürze
Transvestit mit Schürze und überdimensionalen Sinnesorganen
Haariger Transvestit
Haariger, kuschliger Transvestit

Wiedergeburt
Steinerne Schwangerschaft

*Andreas Müller*

**Farbtöne**

I.
Die Farbe
Geht gebückt
Damit ihr der Klang
Auf den Rücken
Steigt

II.
Wir fächern
Uns einen Blauton ans Ohr
Dann wird die Stirn
Ganz kühl

III.
Auch wenn wir die Farbe
Nicht sehen können
So hören wir doch ihren Klang

IV.
Maler und Musikant
Mischen
Farbe und Klang
Dann summt die Fuge
Ein Aquarell

V.
In völliger Bewegungslosigkeit
In einem Kreis
Fern aller Gedanken
Salbt
Der Klang-Schlag
Des Herzens
Die Röte der Wunde

VI.
Wie schön es ist
Dem Klang
Ins Auge zu schauen

VII.
Wenn die Wolken
Anhalten
Mischen sie einen Blauton

VIII.
Manchmal
Verkleiden sie sich
Und gehen zum Ball
Klang und Farbe
Als Tag und Nacht

IX.
Farbe und Klang
Tanzen
Ändern die Richtung
Und verlassen den Takt

X.
Die ganze Welt
Ist heute weiß
Alle anderen Farben
Sind Töne

*Elias Tschenett*

das Leben befindet sich im Wandel
er ist umhüllt von einem Mantel
er will den Mantel nicht verlassen
und geht lieber zur Kasse
dort bezahlt er mit dem Tod
die Wand färbt sich rot

der Schuss hallt lange nach
er liegt regungslos in seinem Gemach
er hatte Angst vor dem Wandel
nun kann er bleiben in seinem Mantel


*Elias Tschenett*

Er hat große Angst es zu vermasseln
nun sitzt er in der Gasse
niemand ist dort
er denkt:
dies ist der perfekte Ort
die Waffe ist kalt
laut hallt der Knall
Tod
die Straße färbt sich langsam rot
er ist seine Sorgen los

*Heino Dölker*

**Epilog Lyrik 2016**

Das Volk, der Dichter und Denker,
Es drängt sich zur Unsterblichkeit
Mit hehrer, elitärer Lyrik.
Selbst Wände stiller Orte sind,
Beim Abtritt, auch dort nur nach Bezahlung,
Mit Herzblut, stets heimlich zu bekritzeln.
Hier quälen sich Poeten um literarisch
Anspruchsvolle Verse, Strophen,
Neologismen schöpfend,
Den Duden überrumpelnd,
Mit blanker Angst im Rückenteil,
Entlarvt zu werden bei der Kunst.

Doch Jan haut high die Eier Erdogans
Vor den Millionen in die Glotze.
Ein Werk, Nobelpreis würdig allemal,
Wird hochgejubelt, macht ihn berüüühmt.
Und weiter flimmert Nuhr noch Welkes,
Belacht von den gedungenen Claqueuren,
Gelöhnt von pflichtiger Gebühr.
Nur Brückenschläfer sind noch davon befreit.

Selbst wenn ihr aufmuckt und erweist
Mit eurem nackten Hinterteil,
Dem viel zitierten Spruch „wir schaffen das",
Die Reverenz in Spottes Namen ...
Es wird sich nichts bewegen,
Denn die Kultur hat ihn vereinnahmt.
Geflügelt sind die Worte – längst –
Verschoben in die Transzendenz.

So will ich Euro sechs berappen,
Preis einer Flasche Wein „Donna Fugata",
Um mich in eurem Almanach zu sonnen,
Und dann zusammen anzustoßen,

Sind 150 Exemplare frei verkauft –
Ganz syllogistisch euphorisiert,
Mit einem Gläschen destillierten Wasser.
Auf dass die Lyrik lebe – immerdar!

# Inhalt

*Sylvia M. Hofmann*
5 Der Fluss der Zeit
6 Kontakte
8 Gedenken
9 Sehnsucht
10 Herbstlicher Wandel
11 Karibik-Träume

*Joachim Gräber*
12 Siebzig plus
13 Vokalbarock
14 Die Zahnbürste
15 Wahre Liebe
16 Singsang
17 Die Wutbürger

*Lilly W.*
18 Der Kraft letzter Funke
19 Schöner als je zuvor

*Dieter Geißler*
20 Göttliche Hände
20 Wahrer Reichtum
21 Königskinder
22 Allein
23 Herzenssache
24 Der Regenwurm

*Lesley Wieland*
25 El Tiempo Famoso
29 Bila woda
31 A la Montagne
33 Nututation

*Marie Hahne*
35   Über mich
36   Zwei Inseln

*Anke Weber*
37   Häutungen
38   Nur eine Affäre
39   Streit
40   Festhalten
41   Eislauf
42   Vereinigt
43   Umkehr
44   Zurück zu den Wurzeln
45   Das blaue Licht
46   Ausgeflackert
47   Zurück
48   Herbstleben
49   Traumwelt
50   Besiegt
51   Verwirrung
52   Sie
53   Umnebelt
54   Helle Klänge
55   Felswand
56   Der eigene Weg

*Claus Fahske*
57   Wenn die Amsel singt
58   Ein Morgen in New York
60   Hinnerk
62   Dreizehnlinden-Ballade
64   „Jonny" oder: (der blaue Hans)

*Horst Franke*
66   Nebel
67   Vollmond an der Weser

*Eveline Dempke*
69   Hallo Bremen, Moin Huchting, Moin, Moin

| | |
|---|---|
| 70 | Hoch Thüringen mein Heimatland |
| 71 | Träume |
| 72 | Nordseewind |
| 73 | Der Seniorenfürst |
| 74 | Tausend Sterne schenke ich dir |
| 75 | In der wundervollen Weihnachtszeit |
| 76 | Frühlingsdüfte |

*Elena Zardy*

| | |
|---|---|
| 77 | Wolkenwasser |
| 77 | Gleich dem Wind |
| 78 | Ein letztes Mal |
| 78 | Du wirst an mich denken |
| 79 | Als denke ich Abschied |
| 79 | Spürt` ich dem Winde nach |
| 80 | Und es atmete Liebe |
| 80 | Am Anfang war die Liebe |
| 81 | Und nachts träum` ich von Wundern |

*Christina Schabasser*

| | |
|---|---|
| 82 | Die Sonne scheint in ihrem schönsten Rot |

*Grete Ruile*

| | |
|---|---|
| 83 | Mondzauber |
| 84 | Vereint |
| 84 | Verflossener Sommer |
| 84 | Lebenskunst |
| 85 | Verlorene Hoffnung |
| 85 | Überglücklich |
| 85 | Krieg |
| 86 | Mondsüchtig |
| 86 | Blick aus dem Fenster |

*Joachim Jantschak*

| | |
|---|---|
| 87 | Saschas Saxophon, Tautogramm |
| 87 | Tanzmausjagd |
| 88 | Erlkönigs Fluch, Parodie |
| 89 | Schottenrock, Tautogramm |
| 89 | Weihnachtswünsche |

*Dirk Tilsner*
90   Die Pantherin
91   Bestimmung
92   Vom Versuch, einen Liebesbrief zu schreiben
93   Integrationsversuch
94   Es war einmal ...
95   securitas* amoris
96   in der kantine ...
97   Könnt' ich doch ...
98   Der Moment

*Werner Siepler*
99    Standesgemäßer Tod
99    Zum letzten Mal reingelegt
100   Fortschrittlich
100   Das nützlichste Tier
101   Der Kopfschmerz

*Viktor Schwabenland*
102   Viele Menschen

*Beate Ostoiki*
104   Wann ist es soweit
104   Sonne aus der Blume
105   Ich machte eine Reise
105   Zwei Bäume im Clarapark
105   Bananen
106   Ein weißes Blatt Papier
106   Schilddrüsenüberfunktion
107   Kronenchakra
107   Blick ins Fenster
108   Wer, wie, was, wo ist GOTT?
108   Alles Gute und viel Glück
109   Wo komme ich her
109   Ein Jupiterjahr
110   In der Ruhe liegt die Kraft
110   Familienidylle
110   Mondjahr
111   Wer ist der Bauer, wer die Dame

| | |
|---|---|
| 112 | Das Leben ist ein Abenteuer |
| 112 | Lebertee |

*Antje Rudolph*
| | |
|---|---|
| 113 | Die Liebe |
| 114 | Schmetterlingsträume |

*Simone Marsollek*
| | |
|---|---|
| 115 | Verloren |
| 116 | Das Ende |
| 117 | Ode an dich |
| 118 | Zerschellt |

*Diana Emler*
| | |
|---|---|
| 119 | Der Scheitel |
| 120 | Die t/r ote Ehefrau |
| 121 | Zu Gesichte steigt mir die Hitze |

*Lea Sankowske*
| | |
|---|---|
| 122 | Engelsnacht |
| 123 | Du |

*Demian Wendes*
| | |
|---|---|
| 124 | Das wiedergefundene Leben |

*Ralf Rodrigues da Silva*
| | |
|---|---|
| 125 | Dunkel der Erinnerung |
| 126 | Abgelehnt und doch geblieben |
| 127 | Fremdworte - Fremdwohnorte |
| 128 | Ich, nicht Du |
| 129 | Nächster Halt: Heimat?! |
| 130 | Liebes-Logik |
| 131 | Tagträumer |
| 133 | Trugschluss ausgeschlossen |
| 134 | Niemandsland |
| 135 | Versprochen gebrochen |

*Tess Schirmer*
| | |
|---|---|
| 136 | Zeitvertreib |

| | |
|---|---|
| 137 | Zweite Seele |

*Marko Ferst*
| | |
|---|---|
| 138 | Von dort kippt alles |
| 139 | Nachspeise |
| 139 | Geister mit Schleimspur |
| 140 | Schwarze Plage |
| 141 | Kirschen |
| 141 | Nicht mehr da |
| 143 | Kra-Kra-Kra |
| 144 | Nachtwanderung |
| 145 | Wolga |
| 146 | Blaues Wüstenauge |
| 147 | Kontinentales Klima |
| 148 | Lamentate |

*Ine Paulsen*
| | |
|---|---|
| 149 | Ich seh' dein Bild |

*Carola Seyffarth*
| | |
|---|---|
| 150 | Feuervogel |

*Grete Scheida*
| | |
|---|---|
| 151 | Im Labyrinth des Daseins |
| 151 | Alle Karfreitage meines Lebens |
| 151 | Ich spinne mir ein Netz |
| 152 | Heimat |
| 152 | Zevenaar |
| 153 | Haiku |
| 154 | Neben meinem abgefahrenen Lebensweg |
| 154 | Meine Dramen und Komödien |
| 154 | Altsein ist nicht „in" |
| 155 | Verkaufsoffener Sonntag |
| 155 | Erdbeeren im Winter |

*Norina Fisch*
| | |
|---|---|
| 156 | Der rote Mohn |
| 156 | Durch blühende Sauerkirschzweige |
| 157 | All die schönen Düfte |

*Betti Fichtl*
157 Frieden
158 Nacht
158 Momente

*Jeannette Vogel*
159 Stern von Bethlehem

*Jadwiga Nehls*
160 Die Schneekönigin
161 Gedichte
161 Wir Frauen
162 Ostseespaziergang
163 Sorglose Kindheit
164 Wörter

*Petruta Ritter*
165 Abschied von ihm
166 Der Fels
166 Des Lebens Freudentanz
167 Geboren für die Ewigkeit
168 Auf deinem Schoss
169 Königin der Nacht
169 Brief für die Nachwelt
172 Einem verehrten Dichter
173 Lauf der Welle
174 Das kleine Haus
174 Meiner Mutter
175 Einsamkeit komm mit
176 Deine Berührung
177 Es wird schon werden
177 Du weinst…
178 Stiller Zeitbericht
179 Das Flugzeug
180 Einen Traum
181 Die Wanduhr
181 Das Geheimnis Leben
182 Vorbei…
183 Freundin Muse

| | |
|---|---|
| 184 | Ich pflücke ein Gedicht |
| 184 | Jugendliebe |
| 185 | Mittagsstille |
| 186 | Ich kenn dich nicht |
| 187 | Auftrag |
| 188 | Neues Jahr |
| 189 | Zu Zweit |
| 190 | Zauber einer Frühlingsnacht |
| 191 | Kamillenblüte |
| 192 | Die Gedanken |
| 193 | Herbstankündigung |
| 193 | Schenk mir die Ruh |
| 194 | Herbstmelancholie |

*Heidi Axel*

| | |
|---|---|
| 195 | Die moderne Suffragette |
| 196 | Fragen, Fragen, Fragen |
| 197 | Ich liebe glückliche Tage |
| 197 | Die zehn Gebote der Neuzeit |
| 199 | Es lebe die Natur |
| 200 | Gute Nacht! |

*Thomas Glatz*

| | |
|---|---|
| 200 | Dieses Gedicht möchte nicht viel |

*Marita Wilma Lasch*

| | |
|---|---|
| 201 | Hannibalduin |
| 203 | Ich, der Walfisch |
| 204 | Jonas Geschichte |
| 205 | „Der Geist kann nicht im Trockenen wohnen." Oder: Der neue Teich |
| 206 | Herbstimpressionen |
| 207 | HERBSTLICHES DANK-GRILLFEST BEI MIR |
| 209 | Im Realkommunismus begraben: Nordkoreas arme Marionetten |
| 211 | D.T. (maskierter A.H.?) |

*Felix Martin Gutermuth*

| | |
|---|---|
| 213 | Ein Fest |

| | |
|---|---|
| 214 | Ein Messer für den Embryo |
| 215 | Flügelschlag |
| 216 | Über der Angst |
| | |
| | *Manuela Angelika Rapino* |
| 217 | Mystik im Hause Württemberg |
| 217 | Der Handspiegel Stuttgarts |
| 218 | ad pastum accedere Kennedy |
| 219 | Conditio Tee |
| 219 | Die Einkehr |
| 220 | Ein gewisser Herr Klein |
| 220 | Buddenbrooks |
| 221 | Der Flugtraum eines Hamburgers |
| 221 | Die Kuhhaut |
| 222 | Ein letzter Augenblick |
| 222 | in honorem adducere |
| 223 | panis angelicus |
| 223 | Caecilia |
| 224 | Die süßen Waffeln der eisernen Formation |
| 224 | vigilando ascendimus |
| 225 | Das Muschelgeld der gräflichen Flußprinzessin |
| 225 | Graf Hugo de Stuokarten |
| 226 | „Karl Neef & Co., Eier- und Lebensmittelgroßhandlung in Stuttgart beim Rathaus" (2) |
| 227 | Principe Montenevoso (La Rapagnetta) |
| 227 | Spazierstock: Woodstock |
| 228 | Uta von Naumburg |
| 228 | Die Überschreibung: ‚Regnum Francorum Orientalium' |
| 229 | Heinrich Friedrich Karl Reichsfreiherr vom und zum Stein (2) |
| 229 | triplet turtle: 11.09.2001 |
| 230 | Napoleoniden auf Schloß Arenenberg, Schweiz |
| 230 | Schillerlocken |
| 231 | corpus domini |
| 231 | Die Möglichkeit Reich zu sein ohne Instrument |
| 231 | Handpartie des Falken |
| 232 | lucrum |
| 233 | Die Haar-DNS eines fiktiven Volumen |

**293**

| | |
|---|---|
| 233 | The Soul of the Rose, von John William Waterhouse |
| 234 | Das Glas Kuhmilch zum Frühstück |
| 234 | Ein Prinz |
| 235 | Insomnia |
| 235 | remover |
| 235 | Louis Kuhnes Toxemie |
| 236 | Das Rückgrat der Nacht |
| 236 | Die dt. Fußpartie: Carlus Magnus |
| 237 | Graf Dracula und sein Krieg gegen die Türken |
| 238 | Émilie du Châtelet |
| 239 | Rememberance: phalanx-member is double-ganger |
| 240 | Horseshoe |
| 240 | goringlike: Europa und der Stier, von Werner Peiner |
| 241 | Amor und Psyche, von Giuseppe Maria Crespi |
| 241 | Der Blondinenwitz, eine verlorene Zahlenfigur |
| 242 | Preparing the Flag (1911) |
| 242 | Gen-Card-System (Wohngelegenheit 1) |
| 243 | ready-made Produkte aus dem Supermarkt für den Verzehr mit Besteckkasten und Papierserviette |
| 243 | Bilokation |
| 244 | ‚Echt kölnisch-italienisches Wasser (4711)' |
| 244 | Gen-Card-System (Wohngelegenheit 2) |
| 245 | Vatikanstaat 04. April 1995 |
| 245 | 21. Februar 1998, Beerdigungsfeier von Ernst Jünger |
| 246 | Boyhood Popstar Falco |
| 246 | Gen-Card-System (Wohngelegenheit 3) |
| 247 | Madame Dubarry,- eine DNS-Studie |
| | *Sergio Leone* |
| 248 | In mir |
| 249 | Im Sinn |
| 250 | Sinnlogik |
| 251 | Erinnerungen |
| 252 | Sprich |
| 253 | Odem |
| 254 | Mutig der Worte |
| 255 | Gebärdensprache |
| 257 | Jesus Christ |
| 258 | Zum Nachdenken geblogt |

| | |
|---|---|
| 259 | Mysterium Dasein |
| 260 | Der Wille nach endloser Sicht |
| 260 | Kurz und prägnant |
| 261 | Hör auf mein Herz |
| 262 | Liebe |
| 263 | Für dich |
| 264 | Flamenco |
| 265 | Poesia |

*Beate Loraine Bauer*

| | |
|---|---|
| 267 | Aber |
| 268 | Wortdichte 2016 |
| 269 | Chapeau Paralympics Olympioniken |
| 270 | Zeit zum Leben - Zeit zum Sterben |
| 272 | NEIN |
| 273 | Mutprobe – Eindrücke |
| 275 | Begleitherzbilder |
| 276 | Liebe ist – Liebe will nicht |
| 277 | Begleitmomente |
| 278 | Erwartungsruhe |

*Andreas Müller*

| | |
|---|---|
| 279 | Rotkäppchens Waterloo |
| 280 | Farbtöne |

*Elias Tschenett*

| | |
|---|---|
| 282 | das Leben befindet sich im Wandel |
| 282 | Er hat große Angst es zu vermasseln |

*Heino Dölker*

| | |
|---|---|
| 283 | Epilog Lyrik 2016 |
| 285 | Inhalt |
| 297 | Autorinnen und Autoren stellen vor |

# Autorinnen und Autoren stellen vor:

Heidi Axel: Wenn die Gedanken fließen. Gedichtband, 128 Seiten, 2015, 12,90 €
Heidi Axel: Quer Beet. Gedichte und Geschichten rund ums Jahr, 184 Seiten, 2015, 16,90 €
Heidi Axel: Doktor Uhu erzählt. Geschichten aus dem Wald. Ein Buch für Kinder und Erwachsene, 137 Seiten, 2016, 14,90 €

Marko Ferst, Andreas Erdmann, Monika Jarju u.v.a.: Die Ostroute. Erzählungen, 256 Seiten, Edition Zeitsprung, Berlin 2014, 16,90 €
Marko Ferst: Umstellt. Sich umstellen. Politische, ökologische und spirituelle Gedichte, 160 Seiten, Engelsdorfer Verlag, Berlin 2005, 11,20 €
Marko Ferst: Täuschungsmanöver Atomausstieg? Über die GAU-Gefahr, Terrorrisiken und die Endlagerung, 136 Seiten, Edition Zeitsprung, Berlin 2007, 9,95 €
Marko Ferst, Franz Alt, Rudolf Bahro: Wege zur ökologischen Zeitenwende. Reformalternativen und Visionen für ein zukunftsfähiges Kultursystem, 340 Seiten, Edition Zeitsprung, Berlin 2002, 21,90 €
Marko Ferst, Rainer Funk, Burkhard Bierhoff u. a.; Erich Fromm als Vordenker. „Haben oder Sein" im Zeitalter der ökologischen Krise, 224 Seiten, Edition Zeitsprung, Berlin 2002, 15,90 €
Leseproben und Bestellung: www.umweltdebatte.de

Sylvia Hofmann: Reiseratgeber USA, Hayit Verlag Köln, 1988 und 1992, ISBN 3-89210-559-6
Sylvia Hofmann: Wo bist Du?, Schardtverlag, Oldenburg, 1999, ISBN 3-933584-36-I
Sylvia Hofmann: Die wandelbare Frau, Engelsdorfer Verlag, Leipzig, 2006, ISBN 3-86703-155X
Sylvia Hofmann: Oft kommt es anders als man denkt, Engelsdorfer Verlag Leipzig, 2016, ISBN 978-3-96008-280-4, 12,90 €
Buch drei und vier aus dem Engelsdorfer Verlag sind sowohl beim Verlag, wie auch im Buchhandel oder bei Online-Portalen zu bestellen. Buch 1 und 2 ist nur bei mir selbst zu bestellen. E-Mail: sylvia-hofmann@web.de

Beate Ostoiki u.v.a.: Ein anderer Ort zum Träumen, Dorante Edition 2016
Beate Ostoiki u.v.a.: Aquarell aus Worten, Dorante Edition 2016
Beate Ostoiki u.v.a.: Literarische Kostproben Ausgabe 99/2016, Wien
Beate Ostoiki u.v.a.: Literarische Kostproben Ausgabe 100/2016, Wien
Beate Ostoiki u.v.a.: Gedicht und Gesellschaft 2016, Brentano-Gesellschaft
Beate Ostoiki u.v.a.: Ausgewählte Werke XVIII Bibliothek Deutschsprachiger Gedichte
Beate Ostoiki u.v.a.: Ausgewählte Werke XIX Bibliothek Deutschsprachiger Gedichte
Beate Ostoiki u.v.a.: Text Cocktail Mix 2016, Novum-Verlag Neckenmarkt
Beate Ostoiki u.v.a.: Die besten Gedichte 2016/2017, Frankfurter Verlagsgruppe AG
Beate Ostoiki u.v.a.: Neue Literatur 2016/2017, August von Goethe Literatur-Verlag
Beate Ostoiki u.v.a.: Malteser Magazin 2016
Beate Ostoiki u.v.a.: IDEE-Aktuell 2016, Nr. 15, Wien

## Die Ostroute

### Erzählungen

**Andreas Erdmann, Marko Ferst, Monika Jarju u.v.a.**

256 Seiten, 2014, 16,90 €

mit den besten Erzählungen, die bei Literaturpodium zwischen 2006 und 2012 eingereicht wurden, Leseprobe: www.literaturpodium.de

## Geliehener Ort

**Gedichte und Prosa**

**Andreas Diehl**

136 Seiten, 2016, deutsch-russisch, Illustriert mit Grafiken

Wir teilen uns Brücken im November oder suchen auf dem Trödelmarkt der unverlorenen Worte. Immer neue lyrische Schattierungen deckt Andreas Diehl hinter dem üblichen Sprachsinn auf. Die Liebesgedichte sind oft verwoben in Stoffe aus der 89er Wendezeit in der DDR und aus den ersten Erfahrungen mit der deutschen Einheit. Immer wieder kehrt der Lebensversuch sich in zwei Nationen, Russland und Deutschland, zu beheimaten. In seiner Lyrik nimmt er den möglichen realen Verlust vorweg. Gedichte von ihm wurden mehrfach in Tageszeitungen veröffentlicht. Seit mehr als zwei Jahrzehnten beteiligt er sich am Köpenicker Lyrikseminar und dem Friedrichshainer Autorenkreis. Alle Gedichte und Texte im Band sind in russischer und deutscher Sprache abgedruckt.

*Leseproben: www.amazon.de*
*Kontakt: diehlandreas@gmx.de*

# Literaturpodium

Bei uns können Sie Gedichte, Erzählungen, Essays, wissenschaftliche Beiträge, Märchen, Fantasiegeschichten, Haiku, Aphorismen, Reisereportagen etc. in verschiedenen Buchprojekten veröffentlichen. Die Bücher werden gegenseitig mit Anzeigen beworben und im Internet präsentiert. Sie sind in vielen Ländern lieferbar. Auch eigene Gedichtbände, Romane etc. können publiziert werden.

Mehr Informationen unter:

## www.literaturpodium.de

### Ein anderer Ort zum Träumen

Gedichte

Heiko M. Kosow, Beate Ostoiki, Sergio Leone u.v.a.

192 Seiten, 2016

### Schneewelten

Erzählungen

Werner Hetzschold, Angelika Hukal, Lohr Koman u.v.a.

416 Seiten, 2016

*Leseproben, Inhaltsverzeichnis: www.literaturpodium.de*
*Bestellung: wettbewerb@literaturpodium.de*

# Seltenes spüren

Gedichte

**Ulrich Grasnick, Elisabeth Hackel, Günter Kunert,
Marko Ferst, Dorothee Arndt, Charlotte Grasnick u.v.a.**

268 Seiten, 2014

Erleben Sie den Inkafrühling in Peru. Versunkenen ägyptischen Schätzen wird nachgespürt. Monets Garten lädt ein und dem Duft einer französischen Bäckerei folgt ein Gedicht. Der Berliner Dom spiegelt sich nicht mehr im Palast. Zahlreiche surreale Gedichte enthält der Band, vereinzelt auch gereimte. Ein Besuch bei Heine steht an, versteckt liegt sein Denkmal. Den Szenarien der Krieger geht ein Lyriker auf den Grund, von weidwundem Land berichtet ein Gedicht für die Erde. Letzte Bienenwagen kommen in den Blick, Ausflüge führen ins Känguruland. Die Sonnenpost läßt uns Entfernungen vergessen. Der vorliegende Band ist eine Gedichtsammlung des Köpenicker Lyrikseminars und der Lesebühne der Kulturen Adlershof. Gäste wurden eingeladen. Grafiken von Dorothee Arndt illustrieren den Band. Das Lyrikseminar existiert seit 1975 und publizierte bereits mehrere Anthologien.

*Leseproben: www.umweltdebatte.de*
*Bestellung: marko@ferst.de (dt. Porto frei)*

# Republik der Falschspieler

### Marko Ferst

172 Seiten, Gedichte, 11,60 €, Leseproben: www.umweltdebatte.de

Wohin driftet die Berliner Republik? Ein bißchen Gelddiktatur schadet doch niemandem? Die Gedichte in diesem Band bürsten unbequem gegen den Strich. Hartz IV und Ein-Euro-Job kommen auf den Prüfstand. Da wird nach sozialer Gerechtigkeit ebenso gefahndet wie nach ökologischer Balance. Sind wir als Zivilisation dem Untergang geweiht? Der Autor setzt sich auseinander mit den Folgen von Tschernobyl für die Menschen und thematisiert: Atomkraft ist unverantwortlich. Er führt uns nach Mittelasien und schreibt sich an die Tragödie um den verschwindenden Aralsee heran.
Wieviel unschuldige Opfer fordert der angebliche Kampf gegen den Terror? Was konnte die orange Revolution in der Ukraine leisten oder wieviel blaue Adern durchziehen sie? Unternommen wird ein Ausflug an die Wolga und nach Kasan. Einen umfangreichen Abschnitt mit Liebesgedichten findet man vor, überdies zahlreiche Landschaftsgedichte. Außerdem: was kann dem streßgeplagten Weihnachtsmann alles passieren? Eine Nachtwanderung führt in spukumwundenes Ferienland.

*Bestellung: marko@ferst.de*

# Herbstzeichen der Liebe

Freundschaften, Beziehungen und andere Wegbegleiter

Erika Maaßen

180 Seiten, 2016

Die Autorin versucht in diesem Band eine biographische Spurensuche, die sich in alle ihre Lebensalter erstreckt, die Liebesbeziehungen stehen im Mittelpunkt, Freundschaften werden ausgelotet. Zur Sprache kommen Verletzungen in der Kindheit und Jugend, das komplizierte Verhältnis zu den Eltern. Die Erfahrungen einer langen Ehe geraten in den Blickwinkel, ebenso wie die Trostlosigkeit nach einer vorangehenden früheren Heirat, der eine Scheidung folgt. Die neuen Freiheiten des Alters werden gezeigt, und wie man sich von lange eingeübten Selbstbeschränkungen befreien kann. Reizvoll die Beziehungen, die dann noch, jenseits jeder Konvention, möglich scheinen.

*Leseproben, Inhaltsverzeichnis: www.literaturpodium.de*
*Bestellung: maassenerika@aol.com*

# Aktuelle Bücher

Kurt Bott, Barbara Gregor, Peter Frank u.v.a.
**Nordlandwinter. Gedichte** (296 Seiten)
Peter Frank, Hans Sonntag, Manfred Burba, Heiko M. Kosow u.v.a.
**Frühjahr im Schnee. Gedichte** (308 Seiten)
Mio Mandel, Christine Zeides, Magnus Tautz, Manfred Burba u.v.a.
**Sommerfrühstück. Erzählungen und Gedichte** (436 Seiten)
Peter Frank, Hanna Fleiss, Manfred Burba, Peter Lechler u.v.a.
**Abendsegel. Gedichte** (304 Seiten)
Manfred Burba, Michael Starcke, Norbert Rheindorf u.v.a.
**Vom Duft der Wüste. Gedichte** (284 Seiten)
Norbert Rheindorf, Hanna Fleiss, Günther Bach u.v.a.
**Sommer im Norden. Gedichte** (256 Seiten)
Peter Frank, Julia Romazanova, Hans-Jürgen Gundlach u.v.a.
**Der bewaldete Tag. Gedichte** (320 Seiten)
Angelica Seithe, Robby von der Espe, Martin Hartjen u.v.a.
**Lichtglanz über Wasser. Gedichte** (320 Seiten)
Lena Kelm
**Manchmal dauert ein Weg ein Leben lang. Vom Gulag nach Berlin** (248 Seiten)
Elisabeth Gehring, Bruno Rauch, Carsten Rathgeber u.v.a.
**Auf der Halbinsel. Rote Erzählungen und Gedichte** (420 Seiten)
Anna B. Lippmann, Francesco Mancino, Renate Maria Riehemann u.v.a.
**Von raffinierten Kochkünsten. Erzählungen und Gedichte über erlesene Speisen** (320 Seiten)
Heike Gewi, Ingrid Baumgart-Fütterer, Karsten Beuchert u.v.a.
**Der Palast im Orient. Märchen, Fantasie- und Kindergeschichten** (364 Seiten)
Hannelore Furch, Peter Lechler, Thomas Schricker u.v.a.
**Eine Hochzeit in der mongolischen Steppe. Reisen und Landschaften** (412 Seiten)
Karin Posth, Benjamin Frech, Klaus Kayser, Peter Frank u.v.a.
**Meere, Flüsse, Seen. Erzählungen und Gedichte** (415 Seiten)
Werner Hetzschold, Angelika Hukal, Lohr Koman u.v.a.
**Schneewelten. Erzählungen** (416 Seiten)
Johannes Chwalek, Siegbert Dupke, Marita Wilma Lasch u.v.a.
**Zeiten, Literatur und Zukunft. Essays und Beiträge zu Geschichte, Philosophie, Politik, Ethik und Ökologie** (440 Seiten)
Marko Ferst
**Umstellt. Sich umstellen. Politische, ökologische und spirituelle Gedichte** (160 Seiten)
*Leseproben: www.literaturpodium.de Bestellung: wettbewerb@literaturpodium.de*